発達障害のこどもを行き詰まらせない保育実践

すべてのこどもに通じる理解と対応

野藤 弘幸

郁洋舎

🐾 目 次

第3章　こどもを行き詰まらせないために　109

はじめに──戸惑い、対応に困る保育者のために

🦋 保育者が対応に戸惑うときとは？

　この本を手にしてくださった方は、日々の保育の中で、次のような戸惑いを感じていらっしゃるのではないでしょうか。

　この子をその活動に参加させた方が良いのか、それとも、嫌がるなら無理にさせない方が良いのか。この子がしようとしていることを手伝った方が良いのか、それとも、自分でさせた方が良いのか。

　保育の考え方や実際のプログラムは多様です。保育者が、こどもを見て、考え、対応する手立ても様々です。

　しかし、「こどもへの願い」はひとつではないでしょうか。

　こどもが健康でいてくれて、素直で、友だちがいて、楽しくあそんで、親と仲良く、就学後は勉強にもスポーツにも興味を持って、そして、自分なりの将来を歩んでほしい。

　そして、そのために、自分でできることはする、あそびを見つける、集団生活に入る、といった学びを保障するよう、保育者はこどもを育てることに励みます。

　しかしながら、保育者が提供するあそび、生活、行事などに「沿ってくれないこども」もいます。参加しない理由を推しはかることができて、そこで、話しあうことができるこどもならば、保育者は安心して対応もできるでしょうが、「参加しない理由を推しはかれない」こどもだと、戸惑います。

　「推しはかれない」とは、「やりたくないんだよね」などと共感し、こどもの思いを代弁しようにも、その「やりたくない理由」は何だろう、と探っても見つけられないことです。

　「やりたくない理由」を明らかにできないので、「どのように対応すればいいか、わからない」。このとき、保育者は自分に戸惑い、こどもを前にして、自信をなくすのではないでしょうか。

　そして、あれこれと考えて、「やる気がない」「頑張る気持ちがない」「話を聞く気がない」と、こどもの性格を理由にしてみたり、「親が言って聞かしていない」「甘やかしているから」と、こどもの育ちを理由にしてみたり、「前年度までに育てられていないところがある」「これまでの対応が間違いだったのではないか」と保育者間の相違を

理由にしてみたり、「ここの保育が違う」「今のこどもにあった行事でない」と保育の方針を理由にしてみたり、そして「私に力量がないから」「私に経験がないから」「私がわかってあげられないから」と自分自身を責めてみたりするでしょう。

こういった経験を、誰しもいずれかはしているでしょうし、どれひとつとっても、この考え方は悪い、この考え方が良い、と割り切れるものではないでしょう。むしろ、こうやって考えることで、保育者としての自分のあり方が育まれますし、しばらく時間がかかってから、「多分そうかな、でも本当かな」と「なんとなく」の理由が見つかるのだと思います。そして、自身の保育を省みて、「次」が生まれるのだと思います。

こうやって、こどもを育て、こどもに育てられて、でも、そのときそのとき、自分がこうしようと思った対応を試みる。こうした積み重ねの中で、保育者は保育者である以上に、ひとりの人間としての自分を見つけていくのではないでしょうか。

❦ 保育者が戸惑うとき、それはこどもも同じ

さて、こどもの「やりたくない理由」が見つからない、「なんとなく」しか見つからないのは、保育者だけではありません。そのこどももわからないのです。こども自身、自分は「なぜやりたくないのか」「なぜできないのか」を見つけることができていない、つまり、自分で自分をどうすればいいのか、自分に戸惑っているのです。

なぜでしょうか？

「やりたくない理由」を引き起こすのは、「こどもが持って生まれた能力」です。自分自身が持って生まれたもの。その能力で赤ちゃんのときから生きてきています。言い換えると、「それが自分」とでも言えるでしょうか。本人にしても、それしか言いようがないと思います。

「なぜやらないの」「なぜできないの」と問われても、「それが自分」ですし、「なぜ」を教えてほしいのは、こどもでしょう。

保育者がいくら共感し、いくら代弁しようにも、こども自身に答えがないので、保育者に応えようにもそれができないのです。そして、こどものこの姿に保育者は戸惑いを覚えるのです。

こどもも保育者も困っているのは一緒です。

「こどもが持って生まれた能力」を引き出し、それを「持っているだけ」伸ばすことはできます。しかし、「持っていない能力」は引き出すことも、伸ばすこともできません。

大切なことは、保育者が「こどもが持って生まれた能力」とともに、「持っていない」もしくは「持っているけれども引き出し方がわからない」能力を見つけて、対応することです。

❀ 「こどもへの願い」を達成するために

そうすると、冒頭にも挙げた「こどもへの願い」は、次のようになるのではないでしょうか。

「こどもが "持って生まれた姿のまま" 健康でいてくれて、"持っていない能力をおとなが求めないことで、ひととの関係が育まれ"、素直で、"自分の能力に見あった" 友だちがいて、"持って生まれた能力と興味に沿って" 楽しくあそんで、"自分の能力を信頼してくれる" 親と仲良く、就学後は "持って生まれた能力を引き出す" 勉強にもスポーツにも興味を持って、そして、"持って生まれた能力を自分で引き出す" 自分なりの将来を歩んでほしい」。

「そして、そのために、"こどもが持って生まれた能力で" 自分でできることはする、あそびを見つける、集団生活に入る、といった学びを保障するよう、保育者はこどもを育てることに励みます」。

「持っている能力」と何度も言いましたが、逆に「持っていない能力」とは、こどもが何度やってもできないこと、他者が何度も手伝ってあげなければならないことです。

保育者が、こどものできないことを繰り返し手伝う。これがなければ、こどもは自分に素直に生活を送ることはできません。そして、ひとを信頼する気持ちは生まれないでしょう。

🦋 本書が対象とするこどもと保育者

　本書では、保育者が「行動の理由を推しはかることに戸惑い、対応に困る」姿を見せるこどもたちを対象としています。

　具体的には、保育所、幼稚園、こども園に在籍し、おおよそ年齢集団に入って集団生活を過ごしている、発達障害の診断を受けているか、もしくはそれが推測されるこどもたちです。保育や教育に携わるおとなから、「グレーゾーンのこども」「気になるこども」とも表されて、かつては、「問題児」「困った子」とも呼ばれたこどもたちと考えてください。

　何らかの診断を受けているとしたら、そこから、こどもの行動の理由や対応を導き出すこともできるでしょう。しかし、こどもたちそれぞれへの個別の具体的な対応を検討することは必要です。

　診断されておらず、でも保育者が「これまで接してきたこどもたちとは違う」と感じるこどもがいます。そうしたこどもに出会う保育者は、より立ち止まってしまうのではないでしょうか。そして、これらのこどもに対する「答えがほしい」と願うことが多いでしょう。

　こうした願いを持つ保育者も、本書の対象です。

　本書では、これらのこどもたちに対する保育の「具体的な答え」を用意しています。保育の場面で、保育者が対応に戸惑うこどもの姿を挙げて、その理由と対応をできる限りわかりやすくまとめました。

🦋 本書の構成

　本書は次の3つの部分から構成されています。「できるだけ早く理解し、対応を見つけたい」。この気持ちに沿って、本書はどこからでも読むことができます。

第1章　こどもの行動の理由に気づき、対応を見つける3つのキーワード
　こどもの行動の理由に気づくために、「注意力」「感受性」「身体のリズム」の3つのキ…

ワードを説明しています。保育者が、これらのキーワードを理解すると、こどもの行動の理由が見つかり、戸惑いを払拭できるでしょう。「第2章　保育者が戸惑い、対応に困るこどもへの保育実践」の前に、こちらを読んでいただくと、こどもの行動の理由をより理解できるでしょう。また、一旦、自分が押さえておきたいこどもの姿を読んでからこの章を読んでも、こどもの行動の理由を広げて理解できます。

第2章　保育者が戸惑い、対応に困るこどもへの保育実践

　保育場面でみられるこどもの行動を解説して、それぞれについて、【なぜそうなのか】と【望ましい対応】を示します。ここでは、第1章の3つのキーワードをもとに説明し、これらの言葉と考え方を繰り返し用いて述べています。読み進んでいただくと、これらの言葉に慣れ親しむとともに、これらの言葉でこどもを説明できるようになるでしょう。この章の終わりには、これらの姿を表にまとめています (p.104)。こどもへの対応に戸惑ったとき、この表をみて、それぞれの箇所を開いていただくと役立つでしょう。また、すべての姿をひととおり確認していただくと、こどもの行動への気づきを増やすことにつながります。

第3章　こどもを行き詰まらせないために

　保育でみられるこどもの行動のうち、保育者が最も対応に戸惑いを覚えるこどもの姿を挙げています。そして、これらの理由と対応を紹介し、あわせて、これらの姿を見せるこどもの保護者への基本的な考え方についてもお話させていただきます。

第1章

こどもの行動の理由に気づき、対応を見つける3つのキーワード

✿ 「注意力」と「感受性」と「身体のリズム」

「注意力」「感受性」「身体のリズム」。これら3つが、こどもの行動の理由を見つけて、対応を生み出すキーワードです。

「第2章 保育者が戸惑い、対応に困るこどもへの保育実践」を読む前に、こちらを一読していただくと、それぞれの箇所の内容が3つのキーワードへ集約されて、こどもの行動の理由をより理解することができるでしょう。また、自分が対応しているこどもに当てはまる姿を、先にいくつか読んでからこの章を読まれると、それらの姿に共通するこどもの姿が浮かび上がり、本書で挙げている以外のこどもの行動の理由と対応も見つけることができるでしょう。

そして、これらのキーワードを理解すると、こどもの行動の理由が見つかり、保育者も戸惑いを払拭できるでしょう。

✿ キーワード その1：注意力とは？

注意力って何？

集中していると聞くと、一点に入り込んでいるように思いますし、注意散漫というと、あれこれと気が散っているようにイメージしますが、どちらも違います。

例えば、今この文章を読んでいるあなたは、①座りながら、②活字を目で追いながら、③内容を理解しながら、④自分が受け持つこどものことを思い浮かべながら、⑤自分なりに解釈をしながら、そして、「なるほど、こういうことなのか、こう対応すればいいのか」と、ひとつのことにまとめあげているでしょう。

こうやって、同時にいくつものことに注意を払って、ひとつの考えや行動を仕上げること、これが注意力というものです。

集中しているときと、注意が散漫なとき

集中しているときは、いくつものことに同時に気を配りながら、あることをまとめあげようとしていますし、注意散漫なときは、ひとつのことに気が向いていて、それがあれこれと移り変わっているのです。

注意力は、段取りを立てて、ものごとに取り組む力

同時にいくつかのことに注意を配ることができると、あることを行うときに、まず

はこれをして、次にこうして、と段取りをとることができます。

　例えば、「着替え」というひとつのまとまった行動を行うにあたっては、①パジャマの上を脱いで、②下を脱いで、③シャツを着て、④ズボンをはいて・・・、そうして「着替える」ことが完了します。「着替えましょう」とおとなから言われて、この①から④を順に思いつく、すなわち①から④に同時に注意を向けることができるこどもは、着替えの段取りがつくのです。

注意力は我慢する気持ちを育てる

　段取りをつけるとは、順に物事をしますから、時間をかけて取り組み続けることといえます。時間をかけて取り組むことで、結果がでるまでやり続ける気持ち＝結果まで待つ気持ち＝我慢する気持ち＝時間の感覚が生まれます。

　この時間の感覚とは、活動を行うことによって作られる、身体で時間を推しはかる感覚でもあります。例えば、何時ごろには自分は眠くなるので、その時間に寝ることができるように、どれくらい前には入浴しておこう、それにあわせて夕食を何時くらいにとっておこう、という、自分の身体の状態にあわせて、かつ、自分が就寝、入浴、食事といった活動にどの程度の時間を費やすかを検討して、日課に取り組んで、身体を通した時間の感覚が作られます。ということは、待てない、我慢できないとは、性格や育ちの問題ではなく、この時間の感覚が、まだ身についていない状態ともいえます。

　毎日、ほぼ同じ時間に同じ活動を繰り返して、一定の生活リズムを行うことの大切さがここからも理解できます。

注意力は言葉で考える力

　ちょっと、ここで考えを広げてみましょう。

　いくつかの物事に注意を払って、ひとつのことに取り組み続けることができると、ひとと対しているとき、そのひとの表情をみながら、発話を聞きながら、身振りをみながら、自分の感情を浮かべながら、言いたいことを考えながら・・・と、相手の感情や考えを推しはかり、自分の感情や考えを推しはかって、交流できます。注意力が制限されていると、このように、ひとや自分の感情を推しはかることが円滑にはできません。また、考えや感情は言葉で表されますが、言葉は単語を順序立て、文として表出されてこそ意味を持ちます。注意力は、考えや感情を推しはかって、それを言葉で組み立てて表現することにつながっているのです。

❦ キーワード その２：感受性とは？

感覚は２つのグループにわけられる

　「五感」などと呼ばれる私たちの身体の感覚ですが、２つにわけることができます。

　ひとつは、見る、聞く、触れる、におうといった、身体の外の刺激を感じるものです。もうひとつは、動く、眠い、お腹が空いた、トイレへ行きたい、美味しい、痛い、嬉しいといった、身体の中で起こる刺激を感じるものです。

２つのグループで感受性に差があると？

　身体に、それぞれの刺激を感じとるセンサーのようなものがあるとしましょう。見る、聞くなど身体の外の刺激を感じとるセンサーと、眠い、美味しいなど身体の中で起こる刺激を感じとるセンサーです。それぞれのセンサーは、同じ程度の刺激が入ると反応するとします。そして、それぞれのセンサーの反応を集めてまとめる装置があるとしましょう。

　このようなセンサーと装置なら、自分の外の状況に気持ちを向けながら、自分の身体の中のことにも気づくことができて、周りと自分をあわせて穏やかに行動できると考えられます。しかし、センサーの感度に違いがあり、例えば身体の外の刺激には強く反応して、身体の中で起こる刺激にはあまり反応しないと、自分の身体の状態や生理的な感覚はおいてきぼりになり、目で見えるもの、耳から聞こえるものに自分が振り回されることになります。

　ひとが持って生まれた感受性とは、こういったセンサーの感度と、それに伴う装置のまとめ方だといえます。身体の外の刺激に敏感なセンサーを持って生まれてくると、周りの刺激が気になって、圧倒されて、疲れてもしまうでしょう。そして、自分がどういう気持ちなのか、身体はどんな状態なのか、身体が落ち着かず、自分の状態がわからなくなります。

感受性はひととの交流に影響する

　ひとと対しても、そのひとの声や表情、そういった見えるもの聞こえるものが気になって、落ち着いて順序立ててやりとりができなくなります。そのため、ひとと接することが苦手、それ以上に怖くなってしまうこともあるでしょう。ひととの交流は、いつも、その場その場のやりとりが求められますから。そのときそのときに、相手と自分を推しはかりながら、段取りをつけたやりとりが必要です。

❀ キーワード その３：身体のリズムとは？

身体の外を強く感じる方だと？

　感受性からみて、先の例のように、身体の外の刺激を感じるセンサーが敏感である
としましょう。そして、あわせて、注意が散漫だとしましょう。感受性も外に向きす
ぎている、注意力も制限されているとなると、ひとと接しても、落ち着いて話をやり
とりすることは、とてもとても努力のいることになります。

身体のリズムへの影響

　このような日が続くと、夜に眠ろうと思っても、気になることが頭に浮かんでどき
どきして寝つけなかったり、夜に目が覚めやすくなったり、それでやっと眠れたとし
ても、起きる時間までに、十分に睡眠がとれていないので、さっと起きれない、起き
たとしても、身体は活動を行える状態にまで整っていないので、頭が痛かったり、お
腹が痛く感じたり、目が回ったりもあるでしょう。

　また、何か急に物事が起こると、どきどきして、どうしていいかわからなくなり、
恐さや不安を感じてしまうでしょう。ときには、その物事や関わるひとに対して、苛
立ちや怒りを感じるかもしれません。

　これがこどもに日々起きていると考えると、身体のリズムはこどもの行動にどれだ
け影響を与えるものか、容易に想像がつくと思います。

❀ 発達障害のこどもへの理解と対応は、すべてのこどもに通じる

　さて、ここで考えてみたいことがあります。

　本書が対象とするこどもたちに対応する保育は、それ以外のこどもたち、すなわち、
保育者が「これまで通りの対応で育っていくこどもたち」にとっては、どのようなも
のか、ということです。

　「３つのキーワード」からみると、注意を払う範囲が狭いひとから広いひとまでいる
ことがわかります。物事を順序立てる要領も、時間がかかるひとから早くできるひと
までいます。言葉の表現力も、苦手なひとから豊かなひとまでいるでしょう。自分の
感受性につらさを感じるひともいれば、対応できるひともいます。身体のリズムも穏
やかなひとから興奮しやすいひとまで様々です。

　何らかの活動を行うときに、その活動に見あった能力があると思われるひとの集ま

りは、これらの「3つのキーワード」の「能力の範囲が、おおよそ同じ」程度であり、その「能力の範囲」が活動を行うにふさわしい集団です。このような集団では、意図される活動が提供されると、集団として活動に入ることができます。

　しかし、様々なひとで構成された集団では、「3つのキーワード」の「能力の範囲」も様々ですから、それらの範囲の重なる部分は狭くなるでしょう。重なりの部分にあわせた活動を提供すると、その集団で行うに見あったものとなりますが、重なりを超えた部分の活動を提供すると、できるひととできないひとが現れて、集団で活動を進めることは難しくなります。

　保育の場には、発達も家庭環境も様々なこどもが集まります。これは、こどもたちの「能力の重なる部分が狭い」ことを表しますので、この重なる部分を見つけることが集団での活動に求められます。

　「3つのキーワード」の「能力の範囲」は個別なものです。「これまで通りの対応で育っていくこどもたち」も、この「能力の範囲」はそれぞれですから、活動によって求められる「能力の範囲」がこどもの能力に見あわないと、そのこどもは、保育者が「行動の理由を推しはかることに戸惑い、対応に困る」こどもとなります。つまりそれは、こども自身が自分に戸惑う姿です。

　そうです。保育者が「行動の理由を推しはかることに戸惑い、対応に困る」こどもたちにあわせた関わりは、「これまで通りの対応で育っていくこどもたち」にも必要な手立てです。あらゆるこどもに大切なことなのです。

　保育者が、自分が関わるそれぞれのこどもを推しはかることができれば、そのときそのときのこどもの姿にあわせて、できるだけ早く理解し、対応を見つけることができます。見立てと手立ての道筋が立てば、保育者の落ち着きが生まれるとともに、こどもに安心を与えることができます。

　だからこそ、「こどもが持って生まれた能力」を見つけて、対応することが必要なのであり、それが本書が伝えようとしている保育実践です。

第 2 章

保育者が戸惑い、
対応に困るこどもへの
保育実践

1　身体の使い方がわからない

保育でみられる姿
① 寝返りを左右のどちらかにしかしない
② はいはいのときに両手と両足で身体を支えきれていない
③ ばたばたと歩き、足が床からしっかりと持ち上がっていない

❀ なぜそうなのか

身体の使い方がわかっているとは？

　ひとは、生まれながらに、ひとやものへの関心を持っています。これは「知的好奇心」と呼ばれています。

　この「知的好奇心」を満たすために、見えるひとやもの、聞こえてくる声や音、といった環境を「知ろう」として、顔を上げ、辺りを見まわし、見続けよう、聞き続けようとします。周りに眼を動かし、音源に顔を向け、対象へ手を伸ばすためには、頭や手を支える胴の部分（体幹）が一定の位置を保つ必要があります。

　このように「知的好奇心」を満たすため、眼や手といった身体の部分が、対象をとらえることができるように、体幹がはたらくことを、「身体の使い方がわかっている」といいます。

身体の使い方がわからないとは？

　例えば、「見る」刺激に敏感だと、見えるものはどれも気になり、あれこれ見まわすけれども、それは「知ろう」というよりも、「刺激に振りまわされている」状態でしかありません。このとき「とり

あえず刺激に向かって動く」行動となり、対象へ向かうように眼や手を、体幹が支えきれていない運動となります。

　このような運動が習慣となって、寝返りやはいはい、歩き方に影響を与えます。

❀ 望ましい対応

環境の刺激を減らす

　集団の生活では、ひとの動きもあります、声もあります、ものもあります。それら環境にあるひとやものは必要ですから、減らすことはできません。しかし、それらの「刺激に振りまわされる」ことは減らせます。おもちゃを置く棚で室内を区切ると、部屋を一望できませんから、視界に入る刺激は減ります。また、動線を区切ることで、部屋を走ることを制限します。そして、棚のおもちゃを整然と提示することにより、興味あるあそびの選択を促すことができます。

　床におもちゃを置いてあそぶだけではなく、机上で行うと、椅子の配置で他児との距離が一定し、かつ、おもちゃを小箱で別々に渡すことで、自分が探索すべきあそびに焦点が向きます。そして、こ

のような室内環境は、保育者の位置を定めて、それぞれのこどもをどこへ促すのか、安全に配慮すべき場所はどこかを決める一助となります。すると、保育者自身の動きもあわただしくならず、声の大きさも抑えられます。

「刺激を減らす」ことは、こどもと保育者それぞれが、「今、自分は何をしたいのか」「今、自分は何をしているのか」と、自分の行動の目的を省みることを導きます。

身体への注意を促す

「知的好奇心」は自分の身体の外への関心といえます。そして、この関心を満たすために、見る、聞く、触るといった行動をとります。この行動は、顔、眼、手といった身体の部分を使って行われます。顔を動かすためには体幹がある位置を保つことが必要です。眼を動かすためには顔がある位置をとることが必要で

す。手を動かすためにも体幹が手を持ち上げるように支えなければなりません。

ひとは、運動の経験の中で、身体の各部分のつながり、自分の身体のイメージを作ります。そこで大切なことは、身体に触れられる経験です。抱っこやスキンシップによるあそびで得られる皮膚への刺激は、身体への注意を引き出します。このとき、軽く速く触れるよりも、ゆっくりとやや圧を加えて保育者の手のひらで包むように触れる方が、抱きしめられることと同じように、穏やかな「身体のリズム」も作ります。

抱っこは身体全体を包みこむことによって、身体への注意とともに落ち着きを与えます。抱かれるよりも自分で動くことを乳児期から強調しすぎると、「刺激に振りまわされる」行動を習慣づけて、ひとやものと「やりとり」をするという、あそびこむこと、ひとと話しあうことには結びつきません。

感覚の過敏さが和らがないと、ひとを信頼し、ともにあそび、生活する学びはできません。

2 ものにあわせて操作できない

保育でみられる姿

① スプーンを口の中でひっくり返して食べ物を取り込む
② ブロックや積み木など、操作してあそぶことに飽きやすい
③ どのおもちゃも転がすようにしてあそぶ

❀ なぜそうなのか

ものを操作できるとは？

　ものを操作できるとは、ものにあわせて自分の身体を使うことができる、ということです。このとき、ものの質感（固い／柔らかい、太い／細い、長い／短い、など）を適切に感じとることができて、そのものにあわせた操作ができます。

　ものを見て感じたことと、ものを触って感じたことが結びつき、それが手の運動になって現れます。

　例えば、どろだんごを作るときは、土の粘り気に手の力加減をあわせながら、形を変える土にあわせて手のひらの形も変えていきます。そのことによって、丸いだんごができます。

ものにあわせて操作できないとは？

　ものにあわせて操作できないとは、見て触れて感じたことと、手の力加減があわさらないことです。どろだんごの例では、土の水分の含み具合に手の力をあわせられず、形が崩れたり、丸まらなかったり、といったことがあるでしょう。

　様々なものにあわせて操作できませんから、自分が扱える範囲の素材やおもちゃでしかあそばないこともあるでしょう。また、そのときの手の動かし方も限られることで、どのおもちゃも同じように操作することとなるでしょう。

❀ 望ましい対応

扱える質感の素材を与える

　再度、どろだんごを例にします。そのこどもがものを扱うときの力の入れ具合をみます。もし、ものを握る力が素材の形を変えるほどではない、つまり、握力が弱いならば、保育者がだんごの形を作り、それを渡して、丸めるよう促して、どろだんごを完成できるようにはたらきかけます。

　もし、ものを握る力が形をつぶすほど強すぎるならば、どろをまとめ、どろだんごを丸めるまでをこどもが行い、その後、交代して保育者が形を整えます。そして、ある程度の形になったどろだんごをこどもに手渡します。このとき、だんごを受ける方の手のひらをお椀の形にしてとめておくように言います。次に、だんごを丸める上になる手もお椀にして、

下に圧するのではなく、だんごをなでるように手を回すよう伝えます。

こうして、手の力加減と動かし方を、見て確認するとともに、それらがどのような言葉で表現されるのかを伝えます。手の動きという運動の感覚を、見る感覚と言葉に置き換えるのです。いわば、「運動を感覚的にではなく、考えてとらえる」という促しです。

物事がうまくいかないときに、保育者と「やりとり」して自分で取り組むことを習慣とするとともに、完成まで取り組み続ける楽しみを経験するようにします。

運動の段取りを順に伝える

例えば食事のとき、食物ののったスプーンが口腔内に入ると、もうそれは見て確認できません。口唇や舌の触感で、スプーンの位置や食物の量を感じとって、口腔内の各部分をどのように動かすとうまく食べ物を取り込むことができるかを判断しなくてはいけません。スプーンを口の中でひっくり返す行動は、口唇や舌の触感で判断できないので、舌に食べ物を直接のせようとしているからだと考えられます。こういったときは、保育者がこどもとともにスプーンを持ち、食物が口腔内に入ったとき、こどもの両唇に手をそえて、閉じて、スプーンを抜くようにし、口の動かし方とスプーンを操作する手の運動の段取りを順に伝えることができます。

積み木を積むことも、ブロックをつなげることも、それぞれのおもちゃの扱い方を、このようにひとつひとつ、手をとって伝えます。これは、物事を行うときに、時間をかけて、ひとと「やりとり」をして、繰り返し試しながら覚えていくという、持続して物事に取り組み続ける大切さを伝えることにもなります。

**見て確認し、運動を言葉で理解し、取り組む。
この繰り返しに「おとなが飽きないこと」が、
取り組み続ける楽しさをこどもに伝えます。**

3 トイレで排泄ができない

保育でみられる姿

① トイレに行くことを嫌がる
② 漏れていても気づいていない
③ 便器に座るが、お腹に力を入れない

❀ なぜそうなのか

排泄ができるために必要なこととは？

何かの活動をしているときに排泄に行くかどうかを決めるためには、その活動にかかる時間を予測し、尿意や便意の強さを推しはかり、両者をあわせることが求められます。

このように、活動に取り組みながら、その活動を達成するまでの段取りを検討しながら、身体の中の変化を推しはかる、という、複数のことを同時にまとめることが必要です。

排泄をするときは「お腹に力を入れる」運動を行います。お腹の中のどこに力を入れると出しやすいのか、自分の身体に注意を向ける必要があります。また、排泄にはたらく筋肉は落ち着いてこそ動きやすいので、気持ちを「ほっと」和らげることが条件に加わります。

排泄が進まないとは？

ある活動を行いながら尿意や便意へ同時に注意を向けることができない、身体のどこに力をいれるかとらえられない、気持ちを落ち着かせることができない。

これら3つのことがトイレでの排泄が進まない理由と考えます。

❀ 望ましい対応

保育の日課の節目に排泄をすすめてみる

あそびながら、尿意や便意を感じながら、その感覚が切迫したものかそうではないのかを判断しながら、行動を選択する、ということができません。そうすると、あそびに区切りをつけてからトイレへ行く、というように、行動をひとつひとつ「順序立て」て伝えることが必要となります。

あそびの途中で漏れてしまうこともあるでしょう。タイミングがとれなくて、トイレから戻ってきた途端に出てしまうこともあるでしょう。こういったとき、排泄できたことを伝え、すみやかに着替えて清潔を保ち、穏やかであるようはたらきかけます。そして、次の節目に向けて保育者は排泄を待ちます。この試行の中で、こどもそれぞれの排泄の間隔を保育者は把握できます。すると、あるこどもは園庭へ出る前にトイレへ、またある

こどもはあそびがひとつ区切りとなってからトイレへ、と個別に、かつ、こどもを焦らすことのない対応を図ることができます。

身体の使い方をあそびで促す

排泄に関わる筋肉は、姿勢を保つために大切なはたらきをします。外あそびなら、鉄棒やうんていにぶらさがるときに力をいれること、両足で飛んで着地のときに姿勢を保つこと、コマまわしや竹馬といったあそびで体幹を一定の位置で保ちながら手や足を動かすこと。机上あそびでは背中を起こして手でものを操作すること。これらの体幹に力を入れて姿勢を保つ運動を、普段のあそびに取り入れると、排泄に必要な筋肉の使い方を経験できます。

身体を落ち着ける

排泄という行為は、「恥ずかしい」という感覚を含みます。それだけに自分の尊厳を守る行動として行われなければなりません。ひとりで、もしくは信頼する保育者と、個別で行われるべきです。そのため、漏れて着替えるならば、保育者と一対一で速やかにすることで、安心感を与えることができますし、個々のこどもの排泄間隔に応じた促しが必要です。

こうした個別の対応は「刺激を減らす」ことになりますから、「ほっと」して、排泄にはたらく筋肉の動きを感じることを促すこともできるでしょう。

部屋の中におまるが複数おかれ、数名のこどもが並んで排泄を行うことでは、これは単に、パンツで過ごせるようになる、ということのみを教えるにとどまります。

**トイレを促すことは、自分を大切にすることを伝えることです。
漏れても叱らず、さっと後始末をしてもらえる安心を与えます。**

4 午睡ができない

保育でみられる姿

① なかなか寝つけず、大きな声を出す、走り出す
② 途中で泣いて起きる
③ 熟睡しているようで、なかなか起きない

❦ なぜそうなのか

午睡ができるために必要なことは？

　おおよそ昼食後の時間になると、体内のホルモン分泌が影響して眠気が生じます。そして仮眠して、午睡により、この眠気を解消すると、その後、活動的に過ごすことができます。このような身体のはたらきを維持するために、一定した生活リズムが重要です。

　一定とは、日課が繰り返されていることです。具体的には、起床、着替え、食事、排泄、戸外あそび、室内あそび、午睡、入浴、睡眠など、活動の順序が定まっていること、起床と入眠の時間が数時間も違うような幅がないことです。日課が繰り返されると、体内の様々なはたらきも「整う」のです。「整う」とは、体温、血圧、消化、発汗など、活動性に影響する「身体のリズム」ができることです。

午睡ができないとは？

　家庭と保育の日課が一定していないと午睡が習慣づかないのはいうまでもありません。そうではないにも関わらず午睡ができないのは、見たり、聞いたり、触れたりなど環境に敏感に応じて、自分を自分で抑えられないほど「刺激に振りまわされている」ことによって、「身体のリズム」ができていないからです。

❦ 望ましい対応

落ち着いて身体を動かす習慣を作る

　「身体を思いっきり動かし、疲れるから午睡ができる」ということではありません。家庭と保育の日課が一定している条件のもと、目的に応じて身体を動かすことが必要です。例えば、園庭をただ走りまわるだけでは、単に身体を動かしていることにしかなりません。自分で自分を刺激して興奮を高めるだけになってしまいます。

　走る「目的」があることが大切です。ゴールに向かってボールがコースを外れないように蹴り進むこともあるでしょう。このとき、ゴールを見定め、そこへ効率よく直進できるように身体を向けます。そして、ボールがまっすぐに、自分の走る速さにあうように蹴る力をコントロールします。そうすると、自分が目的を達成するために必要な環境に注意を配

るとともに、自分で運動を「順序立て」ます。このとき、自分で身体を動かしつつ、その自分の身体を省みる、という、自分で自分を見守る行為を経験します。この経験は、自分の行動を予測し、目的に向かって修正するという、自分自身をコントロールする習慣を作ります。

このような身体を使ったあそびが午睡をとるためにも必要です。

家庭で穏やかに睡眠をとる

見ることや聞くことといった感覚に敏感だと、起きている時間はいつも、それらの刺激に取り囲まれて、自分では抑えられません。保護者にそれらの刺激からこどもを守ることが求められます。

具体的には、夕食に向かう時間と食後は、身体を活発に動かすのではなく、机上や床上でブロックや積み木やパズルなどのあそびを行うことです。こういったあそびは、身体を一定の姿勢で保つ必要があり、目的に沿った運動を「順序立て」

るとともに、あそびを達成することに注意を焦点化できます。

また入眠時には、絵本を読む、話をする、添い寝をする、などによって、周りへの注意が広がらないように、保護者の方に焦点をあてるようにすることも身体を「ほっと」するには必要なことです。

しかし、親といえども、こどもとの関わりに「上手下手」があります。保育にある、おもちゃや絵本と同じものが、家庭にもあると、こども自身が家庭で、それらに取り組むことができます。あそびを通して、家庭と保育がつながります。また、保育者は、保護者に具体的にあそび方を伝えることもできます。単純に、一緒にあそぶ、メディアを使わない、よく話しかける、などと「指導する」だけでは保護者自身も救われません。

保護者の仕事、家事、育児を行う能力や感情の出し方といったことを、保育者が推しはかったうえでないと、日課はともに作れません。

家庭と保育の日課を結びつけると、保護者の仕事、家事、育児を行う能力を知ることができます。

5　偏食がある

保育でみられる姿
① 決まったものしか食べない
② 一旦、口にいれたものを出す
③ 以前は食べていたものも、食べなくなった

✿ なぜそうなのか

好き嫌いとは？偏食とは？

　「好き嫌いなくなんでも食べる」が「当たり前」ではありません。「好き嫌い」は持って生まれた感覚の「受け入れられる範囲」によってなされる素直な表現です。食感、におい、形、色、味の範囲の差に理由はありません。理由がない以上、自分ではコントロールできません。

　また、食感、におい、見た目、味の感覚のどれかに敏感で、その刺激が気になりすぎて受け入れられない。これも「好き嫌い」と言われ、偏食とも表現されます。また、アレルギーなど体質的に受け入れられないから食べないこともあります。「一口頑張ってみる」ことが命にもかかわることを忘れないことです。

好き嫌いなく食べるとは？

　「これは食べるが、それは食べない」という「食べる／食べない」の選択と、「このままでは食べないが、少し調味料をかけてなら食べる」という、「食べ方」の選択は、連続しています。食感、におい、形、色、味の「受け入れられる範囲」が

広い、ということが「好き嫌いなくなんでも食べる」ということであり、この範囲が狭いと「好き嫌い」として表されるのです。

　「好き嫌い」は興味の表れです。この食への興味が、地域や歴史を通して様々に形作られてきましたし、そのことによって、料理のメニューも多彩で楽しみを与えてくれるのです。

✿ 望ましい対応

「残す、減らす」に理由を求めない

　なぜ「残す、減らす」のか、それが言葉で表現できるならば、こども自身も自分に納得ができるでしょうし、保育者も対応が検討できます。自分のことを言葉でつかみとり表せないことは辛いことです。また、言葉を渡すことができない方もどう考えてどう手助けをすればいいか、わからないことで困ります。お互いに自分に不安を作るような生活では楽しめないどころか、自分を安心させるために相手を責めてしまうこともあります。

　理由を求めるのではなく、「残す、減らす」にあたって、お互いに気持ちの良

いやりとりを作ります。例として、こどもが献立のどれかを一旦食べて口から出した場面を考えます。「これ嫌い、いらない」と出したならば、「食べないんだね。これはティッシュで包んで、ここに置いて、じゃあ、どれを食べようか」「次からは、出したいときは、ティッシュをとってからね」と伝えます。これは、「残す」ことを受け入れつつ、そのときに周りのひと、調理したひとを不快にさせないとともに、目立たないように自分の身を繕い、他者が向ける「違和感の視線」から自分を守る学びの経験となります。

繰り返しを保障する

「決まったものしか食べない」の「決まったもの」とは、その献立が自分に与える刺激が「決まったもの」なので、予測通りであり、安心できるからです。そして、これは「刺激に振りまわされない」身体の落ち着きを生み出します。

「いただきます」から始め、これを食べ、次はこれを食べて、「ごちそうさま」をして終える。食事という行為を順序立てます。そのことで、食事の後の日課へと行動を「切り替える」ことができます。

このように考えると、「以前は食べていたものを食べなくなった」「以前は食べなかったが、食べるようになった」といったこどもの変化は、敏感さが和らいで、自ら試す「余裕」が生まれたことといえます。しかし、これらはまだ試行の途中です。「これも食べられるはず」などと、保育者本位ですすめては、こどもが追いつきません。

食べないから、偏食があるから、栄養状態が心配、発育が心配。そう保育者が思うことは、「健康」を診断する専門職に委ねるべきことです。保育者自身が安心できることが、保育で最も大切な行為である共感をこどもに寄せることにつながります。

> 残さず食べることを目標としてしまうと、
> こどもの素直な表現を否定し、信頼は生まれません。

6 食べる量がわからない

保育でみられる姿
① 食べすぎではないかと心配になる
② ほとんど食べない
③ 与えられただけ食べる

❧ なぜそうなのか

食べる量がわかるとは？

　食べる量がわかるとは、お腹がどれくらい減っているかわかることと同じです。お腹の減り具合は、目で見て確認できません。自分の身体の中に注意を配って、推しはかって見つけるものです。何かの活動に取り組んでいるときに、そのことに必要な姿勢を保つこと、ものを操作すること、段取りを考えること、それと同時に、お腹の減り具合も感じることができるためには、これら自分の状況に注意を配ることが必要です。

　このように同時にいくつかのことに注意を配り、そして、自分が取り組むことの段取りを立てることによって、時間を配分して日課を送ることができます。

　そして、お腹の減り具合は、何らかの活動を続けている時間の中で、集中できなくなった、疲れてきた、休みたい、今のうちに食べておいた方がいいだろう、といった、様々な身体の感覚や時間の感覚があわさった結果、「お腹が空いた」という言葉にまとまる感覚です。

食べる量がわからないとは？

　このように考えると、食べる量がわからないとは、自分の中で起こっている様々な身体の感覚や時間の感覚がまとまっていない、「自分の状況が自分でわからなくなっている」ことと同じと言えます。

❧ 望ましい対応

時間の感覚をつくる

　日課の流れを決めるとともに、起きる時間と寝つく時間をおおよその範囲に置くことで、「身体のリズム」が生まれます。これがひとつの時間の感覚となります。そして、日課の流れは、身体の活動の流れでもありますから、エネルギーを消費し、疲労も生まれますから、自ずと飲食を求める身体の時間を作ります。これが食事の時間となります。

　さて、私たちが時間を気にするのはどのようなときでしょうか。それは例えば、決まった時間に眠りにつくために、その時間に向かって、どの程度の時間にはお風呂に入る、その前には夕食なので、何時頃までには食事を用意する必要があ

る、という、時間を逆算して考えるとき
でしょう。逆算してから時間を活動で満
たしていく、ということは、ある定まっ
た時間まで必要な物事に取り組みつづ
け、決めたことを終えるまで自分を持ち
こたえる、という経験であり、結果を出
すことができた達成感を与えます。

　このような日課の営みによって、身体
の感覚と時間の感覚がひとつになって、
より身体の変化に注意を配ることができ
るようになります。そして、お腹の減り
具合の時間的な変化に注意を向けること
もできます。

身体の感覚を言葉でまとめる

　こういった身体の感覚や時間の感覚を
まとめていくために、「感覚」という形
にならないものを、「言葉で整理」する

ことは大切です。「言葉で整理」するとは、
「形」として表すことができるようにな
ることです。

　例えば、給食の前に「今すぐに食べた
いぐらいお腹が空いたよね」や、食べて
いる途中に「ごはんとおかずを順番に食
べた方がおいしいよ」や、ひと通り食べ
た後に「どのおかずが好きだった」や「ど
れをおかわりしたい」というやりとりは、
自分のお腹の減り具合を、どのような言
葉で表現するかとあわせて、その言葉の
後に続く行動、食べる、おかわりするこ
とによって生まれる身体の感覚の時間的
な変化への気づきをもたらします。

　保育者の言葉とこども自身の試行に
よって、自分のお腹の減り具合を推しは
かり、自分の状況を自分で省みる習慣を
こどもにもたらすことができます。

**身体と時間の感覚があわさることで、
食事が自分に大切なことだとわかります。
言葉で自分を整理する習慣を伝えたいものです。**

7 噛まずに食べる

保育でみられる姿
① ほとんど噛まずに飲み込むように食べる
② いつまでも口に入れてなかなか飲み込まない
③ 吸い食べが続いている

❦ なぜそうなのか

なぜ噛んで食べるのか？

　「甘い食べものを描いてください」と言われると、ケーキや和菓子を表せます。しかし、「"甘い"を描いてください」では困惑します。「甘い」は形にならず、食べ物が舌に触れたとき、自分の味覚を「受け入れられる範囲」の中で、どういった言葉で言い表されるかに注意を配ってわかるものです。自分で「見つける」感覚とも表現できます。

　このように味覚を「見つける」ことができるぐらいに「受け入れられる範囲」があると、味わうという「感覚への楽しみ」を持つことができます。すると、食べ物を噛んでみたとき、舌に広がる味の変化の「感覚への楽しみ」に気づきますから、噛んで食べる習慣ができます。

噛まないとは？

　「噛まない」とは、味わう「感覚への楽しみ」を持つことができない、すなわち、味覚を含めて、食感やにおいの「受け入れられる範囲」が狭く、それらの刺激に敏感なことから、「感じる前に飲み込む」状態といえます。また、食べ物を見ながら、舌触りを感じながら、噛むことで変化する味を感じながら、と、いくつもの感覚の変化に注意を配って、「言葉で整理」しなければ、噛んで食べる楽しみは習慣とならないでしょう。

❦ 望ましい対応

見えない感覚を形として伝える

　味は形として表せない感覚です。しかし、味を生み出す食材は「見て、触れて、におって」感じることができます。また、食材には名前があり、例えば、「にんじん」は「どんな色」「どんな形」「どんな触り心地」「どんなにおい」と「言葉で整理」して、「にんじん」をまとめることができます。そして、切ってみたときも、同じように「言葉で整理」して「にんじん」を表す言葉を広げることができます。焼いても煮ても同じことができます。

　感覚的なものを「言葉で整理」することで、自分はどの感覚にどの程度の敏感さがあり、「受け入れられる範囲」がどのようで、だから、その食材がどのように調理されたならば、食べることができ

るのか、または、どうしても食べること
ができないのか、自分の感覚を、自分の
「言葉で整理」することができます。

　そうして、食べることができるのなら、
口に入れた食感、におい、そして、味を
保育者と言葉で確認できます。このこと
ができて、次に、では噛んでみたときに、
「どんな味」と、噛むという持続した身
体の動きと持続して生まれる味覚をあわ
せた気づきが得られます。

「身体のリズム」を整える

　食事は、スプーンやお箸などで、食器
から食べ物をとり、口に運び、咀嚼し、
嚥下する、という一連の行為の繰り返し
です。これは、「決まったもの」を繰り
返す運動ですから、安心感を与えますし、
食べることに注意を焦点化することで、
「刺激に振りまわされない」落ち着きを
生み出します。

　そうすると、食べ物をいつまでも口に
入れている、吸い食べをしているのは、
落ち着けるから、繰り返しの運動をして
いるとも理解できます。

　しかし、噛むことは、もっと「身体の
リズム」が整うようはたらきかけること
もできます。繰り返しの運動の中で、注
意の範囲を絞り、落ち着きを生み出すと
ともに、口腔内の食べ物を奥歯へと舌で
送り、噛み、飲み込むといった一連の運
動を「順序立てる」経験を作ります。自
分の身体の動きを自分で「順序立てる」
ことは、自分自身をコントロールできる
感覚を育みます。

　保育者が、食べる行為に焦点が向くよ
うに、献立に「知的好奇心」が持てるよ
うに促すこと、それは、「甘いね」「柔ら
かいね」などと「言葉で整理」することで、
噛んで得られる感覚に気づく機会を与え
えることとなります。

**「噛みなさい」だけでは、
そう指示される意図がこどもには伝わりません。
同時に保育者も、自分が何を
こどもに伝えたいのか見えてきません。**

8　顔に触れられるのを嫌がる

保育でみられる姿

① 鼻汁を拭くのを嫌がる

② 歯磨きを嫌がる

③ 氷や冷たいものを欲しがるか、逆に、熱いものを欲しがる

なぜそうなのか

なぜ顔に触られても平気なのか？

　2つの点から考えます。

　ひとつは、顔に触れられたときに、その触れられる感覚が「受け入れられる範囲」であることです。これは、敏感にならずに顔に触れたものが何かに注意を配れることです。そうすると、顔に触れられたとき、相手の手の力加減が自分の顔の皮膚に対して「受け入れられる範囲」であり、かつ、その力加減に注意を向けて、相手の手の感触は自分にとって、「心地良い」「くすぐったい」などとまとまるから、それを受け入れもでき、拒みもできます。

　もうひとつは、「身体のリズム」が整う状態です。何らかの活動をしていて、そこで経験している感覚が「受け入れられる範囲」であるならば、その活動に注意を持続できます。こういったときは、「身体のリズム」が整っていて、刺激に敏感にはなりません。

なぜ顔を触られるのが嫌なのか？

　何らかの活動をしていて、そこで経験する刺激が「受け入れられる範囲」を超えていると、それらの刺激を「言葉で整理」できません。そうすると、「身体のリズム」は興奮します。このような「身体のリズム」の混乱を避けるために、刺激を拒むのです。

望ましい対応

見て確認できるようにする

　例えば鼻汁を拭くとき、目の前に急にティッシュが近づくと、視界に映るものが突然に変わります。慣れていない刺激が自分に入ろうとします。そうすると、それを防ぐために目をつぶります。でも、眼を閉じると自分に起こっている状況を確認できず安心できません。

　保育者としては、こどもの清潔と身繕いを保つつもりであっても、こどもは「刺激に振りまわされる」こととなります。

　こういったお互いの行き違いが起きないために、鼻を拭く手順を確認できるようにします。保育者が「鼻水が出ているよ」「鏡で見てみよう」「このティッシュで鼻を拭くよ」と、これから自分の身に起こることを、ひとつずつ見えるように

してから伝えることで、こどもは、自分がどのようなことに対処すればよいか「順序立てる」とともに、どこに注意を配ればよいのかわかります。そして、自分の顔を鏡で見ながら、鼻を拭いてもらえると、眼を閉じることなく、もしくは閉じたとしても、それは自分で意識しているので、防御ではなく、「受け入れられる範囲」のものとなります。

　歯磨きのときも、このように、口腔内が見えるようにするとともに、ブラシがどのように歯茎にあたり、ブラシがどのように動くと自分はどういった感覚を受けるかを確認できるように、ブラッシングを「順序立て」て伝えることが求められます。また、口腔内にものが触れることに過敏となっていることもあります。このような状態であるなら、ブラシを速く動かすよりも、歯茎にあててやや押さえるようにして少ない動きで行う方が、過敏さが助長されるのを防げます。そう

すると、歯ブラシの素材を選び、試すことも必要ですが、嫌がることを無理にすると、事故にもなりかねません。こういったときは、専門とする職種に委ねることが必要です。

「身体のリズム」が整うようにする

　活動中、そこで感じる刺激の質や量が自分の「受け入れられる範囲」を超えると、体温、血圧、消化、発汗など、活動性に影響する「身体のリズム」も興奮状態となります。

　この興奮を鎮めるため、冷たいものを身体に取り入れて身体が熱くなるのを抑えようと、繰り返し氷を口にいれたがることもあります。逆に、熱いものを口にすることで発汗して、身体が熱くなるのを抑えることもあるでしょう。食べ物の温度は「身体のリズム」にも影響しますので、こどもの活動性と体調をあわせて考えて対応することが求められます。

こどものためを思い、行うことが、
こどもを刺激に振りまわしてしまうこともあります。
順序立った行動は、まず保育者からです。

9 手をつながない

保育でみられる姿

① つないだ手を振りはらう
② 散歩中、ひとりで走り出す
③ 並んで歩かない

✖ なぜそうなのか

なぜ手をつなげるのか？

　手をつないだときに、相手の手の感触や力加減が「受け入れられる範囲」であり、それに自分の手の力加減をあわせることができると、手をつなぐことができます。

　また、手をつなぐときに、「身体のリズム」が整う状態にあると、手をつないでどうするのか、散歩をするのか、並んで待つのか、自分が必要とし、かつ、求められる行動へと注意を配ることができるので、そのとき自分が満足できる行動が達成できます。そうすると、「刺激に振りまわされる」ことなく、手をつないでいることができます。

　手をつないで歩いているとします。そのとき、お互いの歩き方にあわせて、つないだ手の力加減や手を引っ張りあう感覚は変化します。その変化にあわせること、すなわち、相手にあわせて自分の動きをコントロールできていると、一緒に歩き続けることができます。

なぜ手をつながないのか？

　手をつないだときに、相手の手の感触や力加減が「受け入れられる範囲」ではなく、その刺激に敏感になり、不快感を覚えていることが考えられます。すると、「身体のリズム」は落ち着きませんので、より過敏さが強まり、自分の動きを相手にあわせることはできません。

✖ 望ましい対応

手をつなぐ目的を考え直す

　手をつなぐことは簡単なことに思えますし、手をつなぐことは、ひととつながり、安心なことと思います。しかし、それができるのは、感覚の「受け入れられる範囲」に相手の手の感触や力加減があることですし、目的となる行動をする間、「身体のリズム」が落ち着いていることがあってのことです。手をつなぐのが当たり前ととらえると、それができないのはおかしいこと、悪いことと、排除する判断になってしまいます。

　保育で手をつなぐのはどういったときでしょう。散歩するとき、「花いちもんめ」などの集団でのあそび、整列し行進する

とき、といった場面でしょう。

　散歩するとき、こどもどうし手をつながせる、もしくは保育者が手をつなぐのはなぜでしょうか。まず、事故を防ぐことが第一の理由でしょう。また、集団でのあそびで手をつなぐのがルールの場合、そのルールを守ることができないこどもが参加すると、集団の楽しみは成り立ちません。すると、集団をまとめることが手をつなぐ理由となるでしょう。また、手をつないで整列するのは、それはおとなが見映えを求めるからではないでしょうか。

　手をつながなくとも安全な散歩のコースは検討できますし、こどもたちの並びを考えて、保育者がどの位置で見守るか、どのこどもがどういったところへ行こうとするか予測していると、どこでどのような事故が起こり、どのように防ぐかを事前に考えることはできます。

　集団でのあそびも、そこへの興味の持ち方はそれぞれです。必ずしなければいけないことはありません。同じ行動を同じようにできる、ひとにあわせて集団の一員になる、このような価値観は、同時に、それができないひとを排除します。

　どのような価値観をもって保育をするのか、どのようにひとを育てたいのか、それを説明できてはじめて、手をつなぐことを、もしくはつながないことを、保育者は決断できるのです。

ひとといることの楽しみを経験する

　ひとと接するときに安心な身体の距離は、そのときの自分の感覚の「受け入れられる範囲」や「身体のリズム」、そして、活動の内容によって変わります。個々のこどもが持っている安心な身体の距離を保障してはじめて、活動をどのように行うか、どのように楽しむかを、話すことができます。この保障がないと、話が聞けない、つまらないと感じるといった、ひとと楽しむ経験が積み重ならない保育になります。

こどもたちが整然と行動することを求めるのはなぜか、保育者自身の価値観を繰り返し見直すことです。

10　いつも抱っこを求める

保育でみられる姿

① よく保育者に寄ってくる
② 特定の保育者だけに抱っこを求める
③ 他児をはらいのけて抱っこを求める

❧ なぜそうなのか

なぜ抱っこは必要なのか？

　抱っこされると肌のぬくもりとともに、守られている安心感がありますから、こどもが抱っこを求めるのは当然です。

　肌と肌が触れあって、それが「受け入れられる範囲」の感覚だと、自分の身体が相手の身体で包まれて保護されている安心感が生まれます。自分の身体が守られているからこそ、その身体を軸として、環境を探索する「知的好奇心」を育むことができるのです。

　自分を守ってくれるおとなによって、自分の興味を伸ばすことができる楽しさが得られます。興味は持って生まれた傾向であり、それが満たされると楽しみを感じますので、強いエネルギーをもった行動を引き出します。楽しい活動を自ら選択し、そこに打ち込むことで自分の持って生まれた能力を発揮できます。

なぜ抱っこを求めるのか？

　自分の身体の状態に自分で安心が持てず、環境を楽しむことができないからです。見える刺激や聞こえる刺激といった環境の刺激に敏感であると、そういった「刺激に振りまわされる」ことで「身体のリズム」は穏やかではいられません。

　環境には、おもちゃといった「もの」、部屋や園庭という「場所」、そして、保育者や他児という「ひと」が含まれます。これら環境は誰に対しても一定のものではありません。例えば、同じおもちゃでも、興味を強く示すこどももいれば、そうではないこどももいます。これはおもちゃという「もの」の環境は同じでも、その受け取り方はそれぞれによって違うことを意味します。この違いを生み出すのが、環境からの刺激を「受け入れられる範囲」の個別性です。

　「抱っこをよく求めてくる」ことは、環境からの「刺激に振りまわされる」ことで、「身体のリズム」が落ち着かず、いったい、自分は今、どういう状態にあり、何をすればいいか段取りがつかない、という、自分に困惑しているからとも考えられます。こういった状態にあるときに、「自分でやりなさい」「抱っこじゃないでしょ」と言っても、そのこどもの困惑を引き起こす環境は変わりません。

🦋 望ましい対応

まず抱く

　「もうこの時期になったら抱っこをやめる」「いつまでも抱っこしているから自分でやらない」「ひとに頼るばかりになる」、まず、こういった考え方をすべてに当てはめることはやめておきたいものです。そのこどもにとって、抱っこを求めざるを得ない環境があることを理解しましょう。

　特定の保育者だけに抱っこを求めることを「執着している」ととらえ、「どの保育者にも慣れて、いろんなひとと接していかないといけない」という意見があります。しかし、どの人間も誰にでも分け隔てのない関係を持つことができるでしょうか。そうではないと思います。それぞれのひととの関係があって当然です。その保育者に抱かれたときの触れる刺激、その保育者の声という音の刺激、

その保育者の動きという見える刺激、そういったものが、より自分の「受け入れられる範囲」にあるなら、その保育者を求めるでしょう。

ひとりを抱くことで集団生活を作る

　自分が「刺激に振りまわされる」状態にあるならば、他児をはらいのけてでも、抱っこを求めるのは当然です。

　別の見方をすれば、自分が穏やかにいることで、相手を刺激せず、それぞれの距離をとることができているともいえます。つまり、ひとりのこどもを抱っこすることが、集団の生活に良好な変化を及ぼす、とも考えられるのです。

　抱っこを求める回数、時間、状況はひとりひとり違います。同じ量だけ抱くことが等しいのではなく、個々のこどもに応じることが、どのこどもも大切にすることだと考えてはいかがでしょうか。

**抱かれて安心し、そこではじめて、
自分の興味を行動へと移すことができます。
抱っこは、そのこどもの能力を引き出す手立てです。**

11 他児をひっかいたり、 噛んだりする

保育でみられる姿

① 理由なく他児を叩く
② 他児の目や顔をひっかこうとする
③ 他児を噛もうとする

✿ なぜそうなのか

なぜ他児を理由なく噛むのか？

あるこどもの持っているおもちゃを他児が取り上げたとしましょう。そのとき、取り上げられたこどもが他児を叩いたとしたら、その叩いた理由は保育者にとって理解が可能です。しかし、ひとりのこどもが机上であそんでいて、他児がその横を通っただけでひっかいたとしたら、どうでしょうか。

集団での生活ですから刺激は多い、そうすると、自分で「受け入れられる範囲」の刺激を超えると、「身体のリズム」は興奮します。そのとき、わずかな刺激で行動が誘発されます。

自分が落ち着かないとき、他児が横を通る、その姿を見る刺激が、興奮を引き起こします。

このとき、噛む、ひっかく、つねる、叩く、蹴る、という強い身体の動きは、自分のその興奮を抑える、「身体のリズム」が落ち着くようにはたらきます。こどもにしてみれば、自分は落ち着きたい、穏やかでいたい、そのために、そういった手段しか思いつかなかった、ということ

となのでしょう。

「眼」はひとの姿を最も表す器官です。「眼」は目につきやすい、刺激を誘発しやすい、このことで、その刺激を取り除こうと、「眼」に手が出ると考えることもできます。

✿ 望ましい対応

手が出た方も、出された方と同じく落ち着くようにする

「手を出されたこども」は被害にあっているのですから、当然、けがをしたなら手当をして、落ち着かせてあげます。

「手を出したこども」は、何も相手を攻撃しようとしたのではありません。自分を落ち着けるための手段が、「たまたま」そうであったのです。そして、「手を出したこども」は興奮しています。そこで注意をしてしまうと、言葉の刺激でより落ち着かなくなります。まずは、抱くなど、そのこどもが落ち着くようにし、その場から離れて、見える場所やものを変えて、違う活動へと気持ちを「切り替える」習慣を繰り返すことです。

そして、こどもの理解に応じて、落ち

着いているときに、例えば、「叩かないよ」と伝えます。「おともだちは」「通っただけなのに」「顔は」は不要です。どのような状況でも、いつでも思い返せるよう、いつでも適用できる言葉で端的に繰り返し、話すことです。

保育者がなるべく慌てない

　保育者が急ぎ、大きく身体を動かし、声を張って、「手を出したこども」の腕をつかんで止める、という対応がなされることもあります。

　事故を防ぐための行動ではありますが、この保育者の動きが刺激となって、「手を出したこども」がより興奮し、同じ行動をしようとすることもあります。これでは、「切り替える」よう促すにも時間がかかり、その間に、同様のことが違う場所で起こったときに対応できません。手を引っ張って止めるのではなく、「こどもの体幹を止める」ようにすると、

保育者がこどもを抱きしめることができるので、こどもの興奮が少しでも静まるように関われます。そして、背中をさするなどして、落ち着くように促しもできるでしょう。

　「手を出した」のは、自分のそのときの感情が「言葉で整理」できなかったからです。いわば、手は感情を表した身体の部分です。このように考えると、手を引っ張って止めるのは、こどもの感情を止めることを意味するかもしれません。また、関節が脱臼するなどの事故も起こりえます。

　「手を出されたこども」に対してですが、保育者は、怪我がないかを確認し、状況を把握しようと、いつもとは違った表情や口調となり、こどもの身体に次々と触れ姿勢を変え、といった行動をとることもあります。そうすると、こどもの驚きを強める可能性も考えられます。まずは抱きしめ、落ち着かせてからです。

**ひとりの保育者、ひとつの部屋だけで収めず、
部屋を超える、立場を超える保育者間の助けあいが、
こどもに落ち着きを与えます。**

12 自分を傷つける

保育でみられる姿

① 思い通りにならないと、床に頭を打ちつける
② 注意をすると、自分をひっかく
③ 言葉で自分を否定する

❀ なぜそうなのか

思い通りにならない、とは？

まず、「思い通りにならない」ことの表現と「わがまま」とを結びつけることはやめたいものです。「思い通りにならない」とは、ある活動を行うにあたって、自分の行動を「順序立て」て、やりはじめ、途中、その通りに進まなくなったとき、どうしていいか、行動の切り替え方が「思いつかない」ことです。「思いつかない」から途方に暮れて、泣きたくもなれば、ひっくり返って叫びたくもなるのです。

「順序立て」るためには、ある活動を始めるとき、その活動に必要な物事の範囲に注意を配って、それが効率よく達成できるように、まずこれをして、次にこれをして、と考えます。そして、その通りならない場合も同じく、ではこうして、と「順序立て」を新たに作ります。

必要な範囲に注意を配ることができないと「思いつかない」状態が生まれます。そしてこのとき、「身体のリズム」は興奮しています。

では、なぜ自分を傷つけるのか？

強い身体の動きは、興奮を抑えて「身体のリズム」が整うようにはたらきます。傷つくと、身体は痛みを和らげようとします。この身体のはたらきから、自分を傷つけて、落ち着く、ということを覚えたのです。

❀ 望ましい対応

まずは、身体を守る

床に頭を打ちつけるならば、抱き起こし、こどもの頭を抱きかかえることです。このとき、保育者の手がこどもの頭のあちらこちらに触れるのではなく、頭を包み込むように、圧するように頭を抱きかかえる、ようにしてみます。そして、もし、こどもが離れようとするか、より興奮するならば、すみやかに身体を離して、必要なら、ロッカーや棚など、身体を打ちつけるものがない場所に連れていき、頭を打ちつけないように、落ち着くのを待つことです。自分をひっかくときも、自分の身体をつねるときも、抱きかかえることです。

こうして、保育者がなるべくしっかり

と抱きかかえることで、保育者の身体の中で、「身体のリズム」が落ち着く習慣を作れます。

　このとき、「やめなさい」など、言葉の指示をしないことです。言葉という音の刺激がより身体を興奮させます。どうか静まってほしい、という保育者の願いを「抱く」という行動で伝えます。

　さて、こどもが抱かれるのを嫌がるならば、身体を離して、安全な場所で見守ると前述しました。「見守る」ことは「無視する」ことと違います。「見守る」ことは、関心を持ち続けるまなざしです。「無視する」とき、まなざしは注ぎません。「無視する」ことは、どのようなときも、誰にも行うことではありません。保育者がこどもへの対応を表現する言葉を吟味し選ぶことによって、自分のまなざしをこどもに結びつけていくと考えます。

行動を切り替える

　時間は進みますが、戻りはしません。こどもに何か注意を与えたときに、自分をひっかくなどがあったときは、速やかに落ち着くように図ることです。収まったからといって、また、あらためて言い聞かせるのではなく、落ち着いて穏やかに過ごす活動へ、行動を「切り替える」ように促します。

　こうして、自分を傷つけるのではなく、自分で自分を楽しませる活動へと自分で自分を運ぶことを繰り返し伝えます。そうすると、保育者は「これをやってみよう」「これはおもしろいよ」と、こどもを励まし、「楽しむ」感覚を言葉で伝えることができます。

　保育者の語る言葉は、こどもが自分を語る言葉に置き換わります。そうして、自分を否定しない言葉を育みます。

言葉も連鎖、身体も連鎖します。
保育者がこどもの身体となり、
こどもの言葉となることが、
こどもへの手立てです。

13 聞いても答えない

保育でみられる姿
① 尋ねると、忘れたと言う
② 問いかけても、泣いているだけ
③ どうしたいか、言わない

❦ なぜそうなのか

気持ちを話せるとは？

　気持ちを話すためには、「気持ちの言葉」を知っておく必要があります。「気持ちの言葉」とは、「嬉しい」「おもしろい」「嫌だ」「こうしたい」といったものです。

　これらの言葉をどれだけ知っているかが、ひとつ必要なことです。そして、これらの言葉と自分の感情が結びついていることも必要です。

　感情とは、物事に対する自分の「身体のリズム」の感覚です。「これ」が「楽しい」ならば、「これ」に身体が引き込まれそうな、まるで身体が浮かび上がってそうな、「これ」しか見えていないような、こういった身体のいくつもの感覚がまとまって、「どきどき」「わくわく」といった「身体のリズム」を作り、それが「楽しい」という「気持ちの言葉」として表されます。

　もうひとつは、「気持ちの言葉」を使った文を思い浮かべられることが必要です。自分が言いたいいくつかの言葉が浮かんだとして、それらの言葉を「順序立て」てはじめて、自分でも納得し、相手にも伝える文ができます。

気持ちを話せないとは？

　そうすると、ある物事に対して、自分の身体の感覚がまとまらない、順序立った文が作れない、気持ちの言葉を知らないと、気持ちは伝えられません。

❦ 望ましい対応

身体の感覚をまとめる

　見る、聞く、触る、におう、といった感覚は、自分の周りから起こります。例えば、自分の声を聞くにしても、自分の外に出た声を外から耳で聞きます。こういった自分の身体の外の感覚に敏感だと、それらの感覚からの「刺激に振りまわされる」「身体のリズム」となって、自分の身体で何を感じているかが打ち消されます。そうすると「身体のリズム」の中に、自分の身体で感じる感覚は含まれていきません。こういう状態があると、感情はあいまいになるか、もしくは、自分の身体とは結びつかない感情となり、自分を表す「気持ちの言葉」は見つかりません。このときに必要なことは、「あ

なたの今の気持ちはこの言葉で言い表せます」と、「気持ちの言葉」を代弁することです。「気持ちの言葉」からスタートして自分の「身体のリズム」を、それを成り立たせる身体のいくつもの感覚に気づくようにします。

そうすると、保育者は、「この言葉で本当にこのこどもの気持ちを代弁できているのか」と不安になります。「正解」かどうかを求めるのは当然です。しかし、次のような考え方もできます。まず、保育者として代弁できる「気持ちの言葉」を伝える。これを繰り返す中で、「気持ちの言葉」を覚え、使ってみようとこどもが思い、そうするなら、いずれはこどもが、保育者の代弁する「気持ちの言葉」が「その通り／そうではない」と教えてくれるだろう、と。すると、そのこどもの気持ちがより見えてくる、そして、そのこどもの「気持ちの言葉」を修正していくことができます。

言葉を順序だてる

多くの言葉を知っていたとしても、自分の「気持ちの言葉」が見つかったとしても、では、それをどの順に並び変えて伝えれば、自分でも「ほっと」できて、相手も「ほっと」できるのか、その文の作り方を知らなければ、穏やかにはいられません。

「あそこにいて、あれをしていたとき、あのこが来てこう言って、そのときに、泣いたね。それは、こういう気持ちだよね」。このような言い方は、各場面を写真で撮って、それを時間の順に並べて、それらをまとめると、このようになる、という「お互いが見て確認」できる表現です。

自分の身体の外の感覚に敏感であると、見ることは得意と言えるかもしれません。ならば、こどもの得意な感覚を踏まえて、代弁をすると、お互いに行き違いのない伝えあいもできるでしょう。

「気持ちの言葉」をどれだけ知っていますか。
「気持ちの言葉」をどれだけ使えていますか。
保育者自身が問われます。

14 しゃべらない

保育でみられる姿

① 保育者が尋ねると話すが、他児にはしゃべらない
② 問いかけると、うなずくか、首を横にふるかで気持ちを表す
③ 家庭ではよく話しているが、保育の場では声を聞くことがない

✿ なぜそうなのか

喋れない、とはどういうことか？

緊張していると話はできません。喋れるとは、「気持ちが楽」である「身体のリズム」を必要とします。「どきどき」「びくびく」していては喋れません。

いくら接する相手が友好的であったとしても、その相手という、ひとの環境の受け取りは、そのひとに委ねられます。相手の声、表情、身振りなど、相手から発せられるものの「受け入れられる範囲」が限られていると、いくら穏やかに好意的に話しかけたとしても、それが「どきどき」「びくびく」を呼び起こすことがあります。ましてや、このひとの「受け入れられる範囲」を考えもせずに話しかけられれば、「どきどき」「びくびく」は、より強くなります。この「身体のリズム」の強さは、繰り返すごとに増えて、「受け入れられる範囲」をより狭めます。

そういう状態だと「気持ちの言葉」を伝えられればいい、というわけにはいきません。「気持ちの言葉」が見つからないだけではなく、この感受性は持って生まれ、この感受性で生き、これが自分で

すから、自分でも気づかないうちに、「どきどき」「びくびく」が習慣となっていくのです。誰も防ぎよう、気づきようがないこともあります。

✿ 望ましい対応

喋らなくていいことを保障する

最も防がなくてはならないのは、「どきどき」「びくびく」が増幅されることです。そのために保育者は、このこどもの「受け入れられる範囲」の刺激となる、声の大きさ、抑揚、表情、身振りを検討します。あわせて、話しかけるときの段取りも見つけておきます。例えば、後ろから保育者に不意に話しかけるのではなく、自分に近づく姿を目で確認できる状態は安心かもしれません。また、そのときに、保育者がそのこどもを見て、手を挙げて、何か伝えたいことがある、というサインを示すと、こどもは今から自分に起こることを予測できますから、そのことへの対処を準備する時間を作ることができます。

そして、こどもが可能な範囲で答えることができるように、もし、そのこども

がうなずくことで返答できるなら、そう答えられるような問いかけをすることが必要です。もし、返答が得られないならば、保育者がこのように答えてほしい、と願うことを代弁することもできます。例えば、「一緒にこれをする？」と問いかけても返事ができないならば、「これを一緒にしたいな」と、その活動に必要なものを渡してみて、それを受け取るかどうかを、行動で尋ねることもできます。

「喋らなくてもいい」。「あなたを見ていると、私はあなたのことがおおよそわかるよ」というメッセージをこういった保育者の行動と言動で伝えることです。

「気持ちの言葉」を伝える

もし、保育の場では声を聞くことがないけれども、家庭ではよく話している、というようなら、話す内容を確認すると

いいでしょう。そのとき、こどもが話す内容は、保育で「見たこと」を話しているのか、もしくは「見たことの感想」なのか、どちらが多いかを保護者に尋ねてみることです。おそらく、「見たこと」は見たままであり、そこに感情はほとんど含まれないでしょう。「見たことの感想」は、自分の感情を表す「気持ちの言葉」です。

「気持ちの言葉」で自分の「身体のリズム」がまとまらなくて、「どきどき」「びくびく」しているならば、「見たこと」に対して、このように自分の気持ちを「言葉で整理」すると落ち着くよ、という代弁を、保護者と共有し、おとながそれらの「気持ちの言葉」を使う習慣を作ることは、こどもを「どきどき」「びくびく」から解き放すでしょう。

**「おとなしい」「素直」「意思がない」などと、
性格や育ちに理由づける前に
考えることがあります。**

15　他児につられる

保育でみられる姿
① 特定のこどもと同じようにしたがる
② 他児がふざけているとそれに同調する
③ 嫌だろうと思うことをされても気にせず寄って行く

🐾 なぜそうなのか

主体性とは？

　自分がどうしたいかを決めることができる、そして行う。「主体性」があるとは、このような姿であり、「主体性」とは「自分らしさ」であると理解されています。

　ひとは誰でも「主体性」があり得るのでしょうか。そのように生まれるのでしょうか。

　違います。「主体性」とは「作られて、作る」ものです。

　こどもが何らかの活動に興味をもったとします。それがおおよそ社会的にこどもがすることと位置づけられており、積極的に勧められるものならば、おとなは推奨します。もし、そうではないならば、容認されるほかの興味を持つように教えます。その時代、その地域社会で、こどもを育てるおとなの価値観と、こども自身が持って生まれた興味や能力が交流して、そのこどもの興味や能力が形となり、自分がその範囲で何をしたいのか、自らの意思による選択を行います。

　「主体性」があるとは、他者との交流があるということです。こども一人にま

かせておくことで「主体性を引き出す」とする考えは成り立ちません。

　保育者が何を伝えたいのか、何をもって、こどもと交流したいのか、保育者の意思と選択が問われるのです。

🐾 望ましい対応

今の自分はどうかを伝える

　「ひとのまねをしないで、自分で行動を選択する」ことを伝えるためには、まず、ひとにつられている状態にあることに自分が気づく必要があります。ひとに同調しているとき、特に、ふざけているときは、「身体のリズム」は興奮しています。自分の感情は見えていません。そうすると、「順序立て」て活動に取り組むことはできません。

　こういったときは、その場から離れることを勧めます。そして、「身体のリズム」を落ち着かせて「刺激に振りまわされない」習慣を作ります。

　この次に、生活やあそび、自分が物事を目の前にし、注意を向けることができるように、保育者は活動を提示します。そして、その活動が順序立つまで、見守

り、注意を焦点化するようにはたらきかけます。このとき、時間の長さは関係ありません。例え1分でも、それに取り組むことができると、保育者が伝える「気持ちの言葉」はあります。「できたね」など肯定的な励ましを与えられます。こうして、自分が穏やかに活動を楽しめるまでつきあってくれるひとがいるという、保育者への思いがあって、ふざけない、つられない、そうしあわない、こども自身とその関係が作られるのです。

「嫌である」ことを伝える

こどもがそれを「嫌」かどうかを判断できるには、その「気持ちの言葉」に自分の「身体のリズム」があわさることへの気づきが必要です。「刺激に振りまわされる」間、それが習慣となっていると、この気づきは生まれません。

「嫌なら嫌と言いなさい」ではなく、「嫌なことが起こっているから、逃げなさい」と、こどもに気づきを与えるのです。そうして、具体的に、自分にどういったことが起こってはだめなのかを、「こういうこと」と項目立てていけるように伝えるのです。

そこから「逃げる」ことを、手助けするおとながいる安心感が伝わることが大切です。

こういった判断を、「主体性を育てる」ために、こどもに「言わせる」ことに意味はありません。自分で言えるこどもは、すでに自分の「身体のリズム」が整う状態を知っています。そして、「刺激に振りまわされる」ことはありません。できないから手伝うのです。

活動を楽しめるように、ともにいてくれる保育者がいて、こどもは「主体性」を育みます。

16 目があわない

保育でみられる姿

① 目を見て話そうとせず、視線をそらす
② 問いかけると、きょろきょろとする
③ どこか遠いところを見ているようだ

❣ なぜそうなのか

目をあわせるために必要なこととは？

　ある活動を行うとき、その活動を行うのに必要な情報へ焦点をあてて見ます。そのとき、焦点を向けていない周囲は、はっきりとは見えませんが、例えば誰かが何かが近寄ってくると気づきます。

　焦点をあてているのは「知的好奇心」に関わるところであり、はっきりとは見えていない周囲は、その「知的好奇心」に沿った行動を保障する、いわば、自分の身体の安否確認をしているところと言えます。この2つの視野を使い分けるとともに、見える刺激が「受け入れられる範囲」であると、自分に必要な情報を穏やかに見ることができます。

目があわないとは？

　目があわないとは、活動に不要な情報、周囲にまで焦点を広げ、全体を見ていると考えられます。このようなとき、まるで遠くに焦点を向けているかのような目つきになります。

　また、見える刺激を「受け入れられる範囲」が狭いと、ある特定の刺激に過敏になります。例えば、ひとと目があったとき、そのひとの目が自分に迫ってくるように感じ、恐くなって、目を逸らすことも起こりえます。そして、いくつかの刺激に過敏に応じると、視線はあちらこちらへと動きます。

❣ 望ましい対応

目をあわさなくてもいいと伝える

　まず、「目をあわさない」ことを「素直でない」「嘘をついている」などと判断することはやめたいものです。

　保育者とこどもが目をあわせるのは、もちろん、「このことをわかってほしい」「この思いを共有したい」といったことを保育者が求めるときでしょう。この「伝えたい」「共感したい」ということが第一の目的であって、目をあわせることは「それができている安心感を得たい」という保育者側の願いです。ここをわけて考えます。そうして、第一の目的へと、保育者が向かいます。

　見える刺激を「受け入れられる範囲」が狭いこどもですと、目をあわせると「どきどき」「びくびく」します。すると、

「伝えたい」ことは聞いていられませんし、「共感したい」思いは「恐さ」になり、気持ちは行き違ってしまいます。

　具体的には、保育者が壁の方に背を向けて立ち、もしくはかがみ、下を向くなど自分から視線を外します。こどもに下を向くように言ってもいいでしょう。そして、自分は話したいこと、話を聞いてほしいことを伝え、そのときに、こどもに、うなずくなどで意思をかえすことを伝え、話をすることでの「どきどき」「びくびく」を減らします。

記憶を作る

　目をあわすことに「どきどき」「びくびく」があると、それを求められたときや、不意に目があったときに、例え相手が笑顔であっても、「恐さ」を感じて「きつい目つき」になることもあります。そうすると、互いの関係も行き違います。

　また、「刺激に振りまわされる」ことで、情報として受け取るべきところを逃してしまい、活動の筋道を見失ったり、話がずれてしまったりもします。

　こういったことがあると、自分にとって相手がどういうひとであり、その相手をどのような「言葉で整理」すればいいかわからなくなります。また、自分がどういう思いで何をしているのか、会話の話題は何かもわからなくなります。

　「言葉で整理」できないと、自分の出来事の記憶はあいまいになります。あいまいな記憶は自分を見失うと同時に相手に誤解を生みます。

　保育者が観察した事実を伝え、記憶すべきことを共有することも、こどもの他児との関係からみて大切です。

目があう、それが当たり前。
この価値観も知らず知らずに身につけたものです。
保育者が自分の価値観に気づくことです。

17 自分のものと他児のものの区別がつかない

保育でみられる姿

① 他児の分までおやつを食べようとする
② なんでも自分のものだと思っている
③ あそび終わったものを他児が使おうとすると怒る

❦ なぜそうなのか

自分と他者を区別するとは？

例えば、食事のとき、自分と向かいあって座る他児の食器を区別するには、自分の食器が自分の身体から定まった位置にあることを知り、自分が他児のところに座ったときに、それらの食器がどのような位置をとるかを考え、自分の食器と他児の食器を対比し、そして、同じ器でも近い方が自分のものだと判断できなくてはなりません。まとめて言うなら、自分を他児に置き換えなくてはならない、ということです。

こうして、相手の立場になって、ものの位置関係をとらえ直すことで、自分と他者を区別するとともに、自分のものと他者のものも別とすることができます。

これらは空間での区別ですが、では、自分が使い終わったものを他児が使おうとするのを拒むのはなぜでしょうか。

ある活動を選択し、その活動を達成するための段取りを考え、必要なものを使い、そして、終えて、片づけ、次の活動に「切り替える」ことができれば、先に使っていたものは自分からは遠ざかります。それはつまり、自分が何をするためにそのものを使ったのか、どこまですると達成に至るのか、活動の「順序立て」ができないと、使っていたものから自分を切り替えられないということです。これが時間での区別です。

❦ 望ましい対応

ものの位置関係を示す

食事の環境を例に挙げます。ランチョンマットを敷きます。そして、その上に、茶碗、汁椀、大皿、小皿、コップの位置を示す図が描いてあるとします。そうすると、そのマットの上に図の通り置いてある食器にあるものが、自分の食事です。

おもちゃも同じです。この棚には、このようにおもちゃが並んでいることを示す図があり、その通りに置いてある。そして、使い終わると、そこに片づける。このようなものの扱いを遵守すると、そこに置いてあるものは使い終わったもの、となります。ロッカーや靴箱も同じことが言えます。

そうすると、これはものの環境の提示によって解決できる問題であり、こども

の問題ではなくなります。なんでも行うことができる、理解できる、ということはないのです。逆に言うと、どれだけ「できなくて済むか」、すなわち、「こどもの問題としないで済むか」を考えられると、こどもを責めることなく、かつ、保育者自身も、「教えなければ」「身につかせなければ」という価値観から自分を解き放つことができます。

そして、こうしたものの位置関係は、生活で示すばかりではありません。

折り紙はどうでしょうか。パズルはどうでしょうか。ブロックはどうでしょうか。どれもものの位置関係を学ぶことができるあそびです。こういったあそびの特性を活かして、そのこどもにあった学びを提供できる、この楽しさを伝えられるのが保育でしょう。

個別のあそびを保障する

いちどきに、同じものを持ち、同じものを扱い、同じ課題を行う、このようなあそびでは、自分も他児も同時に同じことを行うことで、机をわける、道具をわける、ものをわける、という必要があります。区分けはできたとしても、そのあそびを自分が選択し、達成までの段取りを考え、取り組む、それを保育者が支える、ということにはなりません。

自分の行動を「切り替える」、自分でものを区別する習慣は生まれないでしょう。さらには、自分は「できない」から「だめ」、「できない」あのこは「だめ」と、能力のあるなしをひとの判断とする感覚を与えることになるかもしれません。

これでは、能力を、ものを、「持つか／持たないか」で、ひとの優劣を測る格差を基準とするとする価値観を渡して、自分を、ひとを、否定する方向へとこどもを向かわせてしまうと思います。

**あそびは個人の興味と、個人の意思の上で選択されます。
みんなが同じことを同じように楽しむ、
このようなことを前提にしないことです。**

18 あそびがメディアの話題ばかりになる

保育でみられる姿

① アニメの主人公になりきる
② キャラクターのような喋り方をする
③ アニメに出てくる道具を作る

❦ なぜそうなのか

アニメを見定める

絵本とメディアをわけるもの、もしくは、こどもに与えたい絵本と、そうではない絵本をわけるところは何でしょうか。それは、「身体感覚を呼び起こす」ことができるかどうかという点です。

「いないいないばあ」のあそびを表した絵本があるとします。何らかの動物が「いない、いない」「ばあ」と顔を覆っていた手を開き、顔を出したとしましょう。この動物の動きは自分の身体で再現が可能です。身体で再現ができる、ということは、身体を動かしたときに起こる感覚をもって、その動きを行ったときに起こる感情も生まれる、ということです。

もし、空を飛ぶ絨毯があって、そこに乗る怪物がいたとしましょう。ひとが空を飛べないことは言うまでもありません。しかし、自分が園庭を走り、自分が乗っかっている押し車を引っ張ってもらった経験があるならば、この怪物の動きを身体感覚で推しはかれます。

しかし、パンチをされて空を舞いながら飛び去る人物、乗り物が爆破されて、煤だらけになって降りてくる人物をみて、その人物の身体感覚を想像できるでしょうか。

感情は身体の感覚から生まれます。

「気持ちの言葉」は身体とあわさったものです。

❦ 望ましい対応

身体感覚を再現できないメディアは保育に必要ない

「受け入れられる範囲」が狭く、見ることや聞くことの感覚に敏感であると、敏感とは、それらの感覚に注意の焦点があてられるのですから、メディアに対しての嗜好は強くなるでしょう。また、身体感覚を用いない作品は、見るだけ、聞くだけで、場面が展開するので、ストーリーを順序立て、登場するキャラクターに共感することも不要ですから、その世界に入り込めます。

ここで生まれるのは、自分の身体を通して感情を推しはかり、自分を「言葉で整理」するとともに、他者にも同じまなざしを向けるという、自分を探索し、他者と共感する関係との断絶です。このよ

うな時間は、生活の時間にはなりえません。そのメディアが終わるまで、自分の時間をそれに差し出す、自分を失う時間にしかなりません。

人生は時間です。生まれてから死ぬまでの時間をどのように過ごすか、この時代、この社会、取り巻く他者との関係、そして、自分の興味や能力、これらの多様な関係から、自分の人生の選択を積み重ねるのが、生きている満足感であるとともに、そう思える人生を作るように、問題を解決する手順を学ぶことが大切です。人生が時間なら、時間は命。命を大切にする保育にメディアは不要です。

また、メディア作品は、それを見たことがあるか、その媒体を持っているか、また、登場するキャラクターをどれだけ知っているか、あわせて販売されているものを持っているかといった、「持つか／持たないか」が大きく影響します。それはそのまま経済の格差で、ひととの関係が作られることを価値観とします。「持つか／持たないか」の格差の広がりは、「奪うか／奪われるか」といった争いをも生じさせるのは、誰しもが目を背けずにはいられない事実です。

命に代わるものはありません。いつ尽きるともわからない命です。そのとき、そのときを「楽しみを持って生きることを伝える」のは保育の役割のひとつです。

こどもがメディアの話題をしてきたら、保育者は、今、保育の場にある、「身体感覚を呼び起こす」あそびへと誘い、「気持ちの言葉」を代弁し続けるべきです。それらに登場するキャラクターをまねているときも対応は同じですし、おもちゃを武器に見立てるなどは、そのままにしないようにしたいものです。また、保育者自身がキャラクターの描かれたものを身につけることは、そのことを推奨する意味が含まれていることを考えるべきでしょう。

**自分の興味と能力をもって自分の時間を使う。
あそびを通して、時間の大切さを学ぶことができます。**

19 あそびがみつからない

保育でみられる姿
① あれこれとおもちゃを出すがあそびはしない
② 他児があそんでいるのを見てまわるだけだ
③ あそんでいる途中で、どこかへ行ってしまう

❀ なぜそうなのか

あそびが見つかるとは？

　ここにいくつかのあそびがあるとします。それぞれを行い、それぞれが自分にとってどのような経験であるのかを考え、その違いを比較し、また、それぞれを試す。このとき、行うことは身体の経験になりますが、それに加えて、知覚と呼ばれるものの経験も起こります。

　知覚とは、扱うものの性質を感じること、扱うときの自分の動きを感じることといった、様々な感覚があわさったものです。これら身体と知覚の経験を「言葉で整理」することで、それぞれのあそびは、自分にとって、どの程度の楽しさを与えるのか、それらに取り組むにあたって、自分は必要な能力を持っているのか、を検討します。そうして、自分が行おうと欲するあそびを選択します。

　このように、経験し、考え、比較し、選択する過程を繰り返し試す中で、自分にとってのあそびが見つかります。

あそびが見つからないとは？

　経験の中で身体と知覚をうまく感じ取れていない、経験を「言葉で整理」できていない、この2つのことによって、あそびを比較し、選択し、試すことが進んでいきません。これが「あそびが見つからない」ということです。

❀ 望ましい対応

保育者があそびを見つける

　保育の中には、たくさんのあそびがあります。それらのあそびをひとつひとつ、こどもが経験できるように誘います。そして、ともに行います。

　このときに、こどもがあそびに取り組むときの指先や足や体幹の動き、段取りの把握や取り組みの早さ、表情、発言など、こういったところに着目して、それぞれのあそびで、こどもの様子がどう違うかを比較してみます。すると、楽しみの程度、あそびに見あった能力の程度をうかがうことができます。そこから、保育者が、どのあそびを、そのこどもに促すとよいのか、どのあそびなら満足が得られるのかを推しはかることができます。たとえ行う時間は短くとも、繰り返し試行することによって、保育者がこど

もの変化をとらえていけますので、保育者の判断がよかったのか、もしくはそうではなかったのかを考えることができ、また、こどもがより満足を得られるあそびの選択を行うこともできます。

こういった保育者の関わりは、こどもに対して、励ましや具体的な手助けという肯定的なものであることから、こども自身が自分の経験を良いものとして「言葉で整理」することを促します。

選択することを助ける

ひとは、様々な活動を経験する中で、それぞれが自分にとってどのような意味を持つかを考え、その意味の違いを比較し、次に何らかの活動を選択し、試し、その意味を考える、という過程を繰り返して、自分がどういった活動を行う者であるか、どのような生活を行う者である

か、という自分のあり方を育みます。

ここで言う「意味」とは、自分にとって、その活動はどの程度の「楽しさ」と「大切さ」であるかを「言葉で整理」したものです。

ひとはそれぞれに、運動の上手下手、器用不器用、表現の得意不得意、決断の強さ弱さを持っています。それらはどれだけ取り組んでも解決されるものではなく、限界を持ちながら生きていきます。

そのため、その限界に行き詰まることなく、自分のあり方が満足であると意味づけるには、活動を選択する過程に伴走してくれるひとが必要です。

まだ始まったばかりの人生に、このようなひとの経験を保育者は与えられるのです。これは保育者としての満足を自分に意味づけることにもなるでしょう。

**あそびはこどもが自分で見つけるのではなく、
伴走する保育者から引き出されて楽しみとなります。**

20 おもちゃの使い方が違う

保育でみられる姿

① 何でも車にみたてて動かす
② ままごとの食材を撒くことを繰り返す
③ 先が尖っているものを他児に向ける

✖ なぜそうなのか

みたてるとは？

「みたてる」とは、実際的なものの形や用途といった要素を、そのおもちゃがどの程度、含んでいるかをとらえた上で、そのおもちゃを実際的なものの代わりとして扱うことです。例えば、人形は、実際のひとの形や動きをまねることができるととらえて、自分が親になり、その人形をこどもとして「みたてる」あそびとなります。

おもちゃの使い方が違うとは？

「みたてる」ことができないとどうなるでしょうか。例えば、人形の形は幅より縦の方が長いですから、その要素のみをとらえると、「棒」ととらえて、その用途である、ものを叩くというように扱う、となるでしょう。

このように、とらえる要素が部分的であると、用途がそのものの特性とは変わってきます。

では、なぜ、要素を全体的にとらえられないのでしょうか。それは、そのものを扱う中で、自分の身体の動きとそのも

のの質感や形をあわせてとらえられていない、すなわち「知覚の偏り」があるからです。そして、この知覚の偏りを作るのは、ある特定の感覚への過敏さです。

✖ 望ましい対応

みたてなくていいあそびから始める

あそびはいくつかの特性をもっています。身体や知覚をそのあそびにあわせて使うことによって、それらの能力を引き出す特性、他者と言葉でやりとりをする、一緒に同じことに注意を向けるといった身体的なやりとりを経験する特性、現実的な生活をみたててそこに入っていく準備となる特性といったものがあるでしょう。しかし、これらをあわせてみると、あそびは、将来の生活で自分が担い、他者からも期待される役割を失敗が許される形で学ぶもの、とも考えられます。

パズルやブロックは、知覚や指先のコントロールを要求しますが、これらは就学後の教科学習につながることで、生徒という役割を学び、ごっこは調理、買い物、販売に携わることをみたてて、生活に携わる者、店の運営に携わる者といっ

た役割を学ぶことになります。

　社会には様々な役割があります。どの個人も、それぞれがとる役割の範囲は違いますし、同じ役割を持っていてもその行い方は異なります。

　このように考えると、このあそびを必ず経験させる、このおもちゃはこのように扱わせる、といった考え方は、こどもが将来に担う役割を限定させてしまうことにもなります。

　特に、ある特定の「刺激に振りまわされる」傾向にある「知覚の偏り」があると、おもちゃのみたて方がわからないこともあるでしょう。このとき「知覚の偏り」をできるだけ抑えて、現実的な役割の方を「みたてる」ように促すことができます。それは、なるべく実物を使う、実物として「みたてる」ことができるおもちゃを使う、ということです。

　本であるならば、物語ではなく図鑑がそれになるでしょう。自然物もそうで

しょう。植物を育てる、生き物を育てることです。また、縮尺して作られた乗り物のおもちゃや模型がそれにあたります。スポーツも実物です。

　そうすると、「みたてる」ために必要な知覚の能力の制限があったとしても、そのものの扱いは現実的なものとなり、それが将来の役割に思いを寄せることにつながるでしょう。

他者の役に立つことを学ぶ

　あそぶためには、「こんな楽しいことがある」という「気づき」が必要です。この肯定的な「気づき」があって繰り返し試すことができます。そうして、自分を発揮できる、得意とするあそびがみつかってきます。すると、それを他者に披露したくなります。この行為が「利他的」と呼ばれる、他者の役に立とうとすることにつながります。ひとを助けることを学びます。

**保育者が自分の能力を発揮し、あそぶ。
この喜びの姿をこどもは「みたてる」。
あそびは保育者の利他的な役割です。**

21 空気が読めない

保育でみられる姿
① ふざける
② 日課が身につかない
③ 他児や保育者の名前と顔が一致しない

なぜそうなのか

空気を読むとは？

たとえ部屋の場所、そこに置かれているもの、保育者やこども、といった環境が一定しているとしても、そこで行われる活動は様々ですし、ひとの交流もそのときどきで生まれますから、同じ状況はありません。そしてこの状況というのは、場所、もの、ひとがあわさって生み出す時間の流れです。このように、環境と時間があわさって、今、起こっている状況、これが「空気」と言われるものです。

そうすると、自分にとっての場所の意味、ものの意味、他者の意味、活動の意味を考え、そして、これらへ注意を配り続け、時間的な変化を知覚する、これだけのことを行うのが、「空気を読む」ということです。

空気が読めないとは？

自分は何が楽しく、何を大切にして活動を選択し、行っているのかを「言葉で整理」しながら、活動に関わり続けて、自分の感じ方や考えがどう変化したのか、あわせて、他者のそれらはどう変化したのかをとらえる、このような知覚のはたらきに偏りがあるのは、ある特定の「刺激にふりまわされる」状態ですから、このとき、空気は読めません。

望ましい対応

今、ここで行うことを伝える

「空気を読む」ということがどういうことかを知ると、それはどれだけ多くの要素で成り立ち、どれだけ多くの努力が必要かわかります。また、「空気を読む」ために必要な知覚の能力は持って生まれたものですから、「空気が読めない」のは、そのひとの努力の問題ではありません。もちろん、育てられ方の問題ではありません。

いかに「空気が読めない」ことを責めずに対応できるかが求められます。これは、こどもの能力にあわせる、ということだけではありません。

「責める」という強い表現をせずとも、「空気を読む」ように、注意する、指示する、伝える、どれをとっても、その行為は他児の目を引きます。いえ「空気が読めない」行動をした時点で、すでに、

それは自分とは違う、という解釈が生まれています。この「違う」ということをさらに際立たせると、こどもを集団から除外することになります。

こどもを評価することは保育者にとって必要な務めではありますが、評価してこどもを観察する習慣がついてしまうと、こどもの問題を見つけはできますが、それを助け、解決を導く考えは薄らいでしまいます。

空気を「読む／読まない」ではなく、「今、ここで、行うことは、これだ」と、解釈ではなく、行動を伝えることができると、そのこどもだけではなく、どのひともそれが求められる、という考えを集団に伝えることができます。

また、特定のこどもに視線を集めるのではなく、この活動に視線を向けるという、それぞれのこどもが、自分にとって

活動はどのような意味があるのか、自分を省みる方へ焦点をあてることを促すことができます。

「ふざける」のは「今、ここで、何をすれば、自分にとって意味のある活動ができるか」が見つからないからでしょう。「日課が身につかない」のも、「今、ここで、この日課を行うことが、自分にとってどのような意味を持つか」が解釈できないからでしょう。一定の期間、一緒に過ごしている「保育者や他児の名前と顔が一致しない」のも、「今、ここで、ともにこの活動を行ったときの、自分の身体や感情の変化と、他児や保育者の表情の変化に注意を配り、知覚することができない」ことで、「自分にとっての他児や保育者」としての関係がとれないからでしょう。都度、名前を伝え、そう呼ぶことを求めればよいだけのことです。

**責められることがなければ、
このひとの指示を聞いてみよう、と思えます。**

22　言葉の発達が遅い

保育でみられる姿

① 言葉が出ない
② 発音が不明瞭だ
③ なんとなく理解はしているようだ

✿ なぜそうなのか

言葉とは何かを考える

　一語文、すなわち「ママ」「ワンワン」などの単語は、母親や犬を「見る」、声を「聞く」、身体に「触れる」など、いくつかの感覚をあわせてとらえた印象を、ひとつのまとまりとして表したものです。母親や犬を映した写真に「ママ」や「ワンワン」とタイトルをつけたと例えられるでしょう。

　二語文、例えば「ワンワン、行った」は、犬を「見る」ことを続けて、犬の行動の変化を表現したものです。こちらは、犬の様子を動画に撮影したものに「ワンワン、行った」とタイトルをつけたといえましょう。

　そうすると、言葉は、感覚的にとらえた写真や動画といった映像にタイトルをつけたものといえます。

　そして、タイトルのもととなる映像をとらえる感覚のはたらきは知覚と呼ばれています。

　知覚があって、言葉としてまとまり、そのことで、他者に、自分の知覚を表現できます。

　映像として自分に浮かんだことを、そのまま言葉で理解し、他者に伝えることができると、自分も「ほっと」できますし、他者も伝えられた内容がわかりますから「ほっと」します。

　映像として自分に浮かんだことが、そのまま言葉で理解できない、他者に伝えられないとなると、「わかりたいことが整理できない」「言いたいことがうまく言えない」という状態になりますから、自分は「イライラ」しますし、他者も伝えられた内容を十分に汲み取れないので「イライラ」します。

　映像として自分に浮かんだことを、それ以上の言葉で理解し、他者に伝えられると、自分は納得して「ほっと」できますが、他者は伝えられた内容が誇張されていると感じて、納得できず「イライラ」します。

　さて、それぞれのひとが持つ言葉と知覚の関係は、この3つのどれかであり、そのひとつのうちでも言葉と知覚の間の幅はそれぞれです。言葉で理解し、表現する方が納得できるひともいれば、図や造形として理解し、表現する方が納得できるひともいます。またどちらでもでき

るひともいれば、どちらも苦手、という
ひともいます。

🦋 望ましい対応

言葉の持っている力を引き出す

　このこどもは、「言葉／知覚」、どちら
の情報を利用して伝えると理解がより得
られるのか、どちらの情報を使って表現
する方が「ほっと」できるのかを保育者
が理解していると、そのこどもにあわせ
たやりとりができます。

　「言葉が出ない」のにはたくさんの理
由が考えられますが、ひとつは、この「言
葉／知覚」の間で、映像で理解する方が
言葉で理解するよりも「ほっと」できる
なら、「今、ここで」言われていること
は見てわかるので、「言葉で整理」して
記憶に留めることはない。すると、「な

んとなく理解はしているようだ」と思わ
れますし、「指差し」や「手差し」、もし
くは、そのものへ身体を動かして表現し
ますから、「言葉が出ない」ということ
になっているかもしれません。

　また、文は言葉が順序立てられたもの
です。発音は口腔内の各器官が順序立て
られて発せられるものです。順序立てる
ことは、必要な範囲に注意を配ってでき
ることですから、注意の能力に言葉の発
達は影響を受けます。

　そうすると、絵本は言葉と知覚をあわ
せるあそびであり、パズルなどの机上あ
そびは知覚をもとに、持続した注意を配
りながら完成まで順序立てるあそびだと
言えます。これらの知覚を用いたあそび
によって、こどもが持っている言葉の力
を引き出すと考えます。

> **言葉は物事を表した形のないもの。**
> **ならば、その物事を直接、見て、触れる形を通した交流が、**
> **言葉を引き出すことにもつながります。**

23 話が通じない

保育でみられる姿

① 話題がずれる
② 冗談が通じない
③ ずいぶんと過去のことを今のことのように言う

✤ なぜそうなのか

話題を共有できるとは？

　話題を共有するためには、その話題に興味があることが求められます。興味があるから、注意を持続できます。そして、その話題に関する会話について、相手が話すことを記憶しながら、先ほどの会話と照らしあわせながら、自分の感情を感じながら、考えをまとめながら、自分も話すという、いくつものことに注意を配ったやりとりを続けることも求められます。その中で、相手と自分の感情、表情、言葉の相違を知覚することも必要です。

　そうすると、興味、注意の配分と持続、知覚などの能力をあわせて他者とやりとりをすることで、話題を共有できると考えられます。

　「注意の配分と持続」とは、物事を理解するために必要な要素に注意を配って、その物事がどのように成り立っているのか、順を追ってとらえることと言えます。順を追う、すなわち、「順序立てる」とは、まずこれで、次にこれでと、順番をとらえます。そして、物事に順番があるとは、物事が時間に沿って営まれることです。こうして、注意の配分と持続は時間的に物事をとらえる枠組みをもたらします。

✤ 望ましい対応

「話題がずれる」ときはどうするか

　その話題に興味がなければ、話題を変えるか、違う活動に導くことです。そうしないで、その話題に向くように指示をすると「ふざける」など、自分でどうしていいかわからない、自分に困惑した行動をとり、集団がそのこどもに「違和感の視線」を向けることを習慣にしてしまいます。同じ話題を共有する習慣よりも、興味がない話題からは距離を置いて、自分も集団も困惑しない行動をとる習慣の方が大切です。

　注意の配分と持続の範囲が狭いと、会話を聞き続けることはできません。そうすると、話す文を短くして伝える、または、知覚、すなわち、映像として確認できる情報をあわせて示すようにします。

　また、これら以上に「話題がずれる」ことは何をもたらすでしょうか。それは、新たな発想へのつながりかもしれま

せん。「ずれる」は「広がり」ですし、「閉じた」ところが「開く」ことです。肯定的にとらえつつも、違和感をもたらすなら、短い言葉や「形」として表されるもので情報を提供します。

「冗談が通じない」相手には
どう対応するか

「冗談」は、実際の物事を成り立たせる要素を取り出し、その要素を含む別の物事へ置き換えて表すことです。また、実際にはあり得ない前提をもとに、物事を仮定して、新たな物語を作ることです。

「知覚の偏り」があると、実際の物事と、例えられる物事の相似をとらえることができませんから、置き換えられていることが理解できず、実際のこと、本当のことではないと、それを発した相手が嘘をついた、と思うこともあるでしょう。また、仮定された物語は、今、目の前にない、「形」として確認できないものですから、

その物語から生み出される自分の解釈が相手と同じものかどうか対比できないことで、共有できないものとなるでしょう。

では、どうすればよいか。端的に、冗談を含めずに会話をする、ということになります。

「ずいぶんと過去のこと」を
「今のことのように言う」のはなぜか

「注意が散漫」で、物事を順序立てられないことから、自分に浮かんでくる言葉や映像は、次々と順序関係なく浮かびもします。また、言葉より映像での理解がより強いならば、映像としての記憶が時間軸に関係なく、浮かんでくることもあるでしょう。「いつ、どこで、誰が、どうしたか」、単語をつなげるように、保育者が文を組み立てて、こどもの中にある映像を「順序立てる」表現を代弁するといいでしょう。

**「話が通じない」から「あわせる」ことを
求めるのではなく、保育者が「あわせる」ことで
「話が通じる」ようにすることです。**

24 ゲームや競技で負けそうに
なるとやめてしまう

保育でみられる姿
① ボードゲームをしていて負けそうになると怒って、その場から去る
② けん玉を数名でしている途中で、できないとあきらめる
③「どうせ負けるから」と、競技に参加しない

❀ なぜそうなのか

なぜ、やめてしまうのか？

　見える刺激に敏感であると、ゲーム盤上のイラストやコマの動き、それらの「刺激に振りまわされる」こととなります。また、数名で競技をしていると、それぞれの声や身体の動きといった、見える、聞こえる「刺激に振りまわされる」ことで、「今、ここで」自分はどういう感情であり、何を考えると良いのか、状況を知覚することができなくなるでしょう。

　このような状態では、自分は何を行うと良いのか、行動の選択はできませんので、活動を順序立てることもできません。そうすると、自分をこの混乱から守りたくなります。これが「できない」「やらない」と「あきらめる」行動の選択となって現れると考えられます。

　また、このように思い通りに活動に参加できないことは、「つまらない」「はいれない」「さみしい」と、自分だけが疎外された感覚も生み出します。このようなとき、「どきどき」「そわそわ」と「身体のリズム」が、「怒り」となって表現されもします。

❀ 望ましい対応

参加を勧めない

　「できない」「やらない」を、頑張る気持ちや努力する習慣が身についていないから、と割り切らないようにしたいと思います。

　誰でも、「やってみたい」「勝てるようになりたい」という気持ちはもっています。しかし、「結局、できなかった」「どうしても勝てなかった」という「できなかった経験」を繰り返すと、あきらめたくなるのは当然です。

　だからといって、「負けてもいいよ、練習が大事だよ」「先生と一緒にやってみようよ」と、励ますことも、より自分のできなかったことを強調されるような慰めとなり、受け入れられない感情ともなるでしょう。

　こういったときは、気持ちや行動を「切り替える」ことを勧めます。特に、ひとりになること、ひとりで自分に焦点をあてるよう、ひとりで行うあそびを提案し、そして、その通り行うかどうかを、こども自身に委ねることです。

　ひとりになるということは、集団の視

線から自分を守ることです。また、集団の視線を自分たちが行っている活動へ向けて、場所は共有していても互いにすみわけて、過度に干渉しあうことを避けることができます。距離をとりあうことによって、自分と他者との関係を「切り捨てる」「除外する」ことなくとることができます。

　そして、いくらこどもであっても、いくらひととの関係が大切といっても、自分の感情をコントロールするのは自分しかありません。怒りを出すことも、そこだけをとると、感情的、自分をコントロールしていない、と思えますが、怒りを出すのはどうしてかに着目すると、それは、感情を出して、自分を落ち着かせようとしているのです。

　「自分で自分を収める」ことこそ、励ましたいと思います。

当たり前となっている言葉に気づく

　できると「良い」、できないと「だめ」、できるひとは「頑張っている」、できないひとは「もっと頑張れ」といった、勝敗や出来栄えに関する言葉は、自ずと習慣になっています。しかし、これらの「判断の言葉」は、「優劣をつける言葉」です。こういった言葉がいかにひとを格差づけるか、疎外するかを推しはかり、これらの言葉の代わりに、「これをしよう」と行動へと向ける言葉を伝えることが大切です。

　この行動を促す言葉は、勝敗や出来栄えといった、強い感情を引き起こすよりも、まずは落ち着くように、穏やかにできる活動をともに探す、「身体のリズム」が整う方へと、こどもを導きます。

**「やらない」という選択が、
自分を自分でコントロールする力を
身につけることもあります。**

25 保育者と信頼関係が築けていないように感じる

保育でみられる姿

① 誘っても来ない

② 話しかけても答えない

③ 受け持っているクラスが違うからか、関わられると困っている

❤ なぜそうなのか

信頼関係とは何か？

　よく「信頼関係ができた」「信頼関係ができてから、次にこれを」と言われますが、そうではありません。信頼関係とは、こどもと保育者が出会ったときから始まり、その直接的な出会いが終わってからも作り続けられ、そして未完成なまま終わるものです。

　こどもと信頼を結ぶために、保育者は、こどもが動機づけられる活動を提供し、こどもの表現を検討する、この2つを行います。

　「動機づけられる活動」とは、こどもが興味を持っており、行うことに楽しみを見出す、最もエネルギーを注ぎ、注意を配ることができる活動です。そうすると、この楽しみを保障することは、保育者は自分に喜びをもたらす存在であることを、こどもに伝えるメッセージです。また、「表現を検討する」とは、こどもが発する感情、言葉、行動などの表現は何を意味するかを考え、尋ね、やりとりすることです。

　この保育者の行動は、保育者の基準をもとにするのではなく、それぞれのこども自身を推しはかりますから、否定することなく、自分を受け入れようとするひとがいることをこどもに伝える、これもメッセージです。

　信頼関係とは、このような関係の絶えまない営みのことを指し、活動を通して更新されます。

❤ 望ましい対応

信頼関係から愛着を育む

　信頼関係は、こどもが動機づけられる活動を保障し、こどもの表現に沿うことだと考えると、それは、保育者が自分をこどもに委ねる行為と言うことができます。同時に、こどもは保育者の保障の範囲で活動へ導かれて、保育者が尋ねるところで自分を表現しますから、こどもも保育者に自分を委ねています。

　「委ねあう」相互の関係は、相手を疎外しないことで、自分の居場所を相手に作ることから、自分を疎外しない関係です。相手を受け入れることが、そのまま自分自身で自分を受け入れる行為となります。

このように、自分を大切にすることが相手を大切にする。このときに感じる「どきどき」「びくびく」とは違う、「ほっと」安らぎを感じる感覚、これを愛着の感じと考えてはどうでしょうか。

信頼関係は愛着を生み出す手立てであると考えると、愛着を作る、ということが具体的になりますし、こどもが動機づけられる活動を提供できているか、こどもの表現の意味を検討できているか、この2点から信頼関係を省みることができます。

愛着を表現する

愛着を感じるひとが大切にしているひとは、自分にも大切なひと。同じく、愛着を感じるひとが大切にしているものは、自分にも大切なもの。このような考え方を行動として具体的にできること

が、「愛着の連鎖」ではないでしょうか。

そうすると、保育者が愛着を感じるこどもが「誘っても来ない」のならば、こどもは安心して、自分の意思を表現しているのであり、「話しかけても答えない」ことも、自分に安心しているのだと考えることが、保育者を穏やかにします。そして、ではこのこどもにどのような活動を提供しようか、なぜ、返事をしなかったのか考える、つまり、信頼関係を更新することに結びつきます。

また、保育者同士に信頼関係があるならば、自分のクラスの保育者でなくとも、こどもは、その保育者が関わることに躊躇はあっても拒否はないでしょう。保育者とこどもだけではなく、保育者と保育者がどのような関係にあるかが、こどもの愛着に影響を及ぼすことは、言うまでもありません。

**おとながおとなに接する姿を見て、
こどもはひととの関係を学びます。
ひとを信じる心は教えるものではなく、
行動として伝えるものです。**

26　特定の他児に執着する

保育でみられる姿

① 長い髪のこどもを見ると、その髪を触りに行く
② トイレで排泄しているところを覗く
③ 保育者の性を表す身体の部分に触れたがる

❀ なぜそうなのか

執着とは何か？

　執着は、その言葉の通り、あることに関心を持ち続け、そこから離れられない行動です。執着するとは、行動を切り替えられない、興味の範囲が限られていることだと考えられます。また、興味は強いエネルギーを持ち、楽しみに向かって注意を持続して配りますから、「気持ちの良い」感覚を生み出します。執着は「快」であることで離れられないのです。

　執着を2つに分けて考えます。ひとつは、ものへの執着です。これは興味を持つものを、一通り揃える、並べるといった行動によって、自分に「快」をもたらします。もうひとつは、ひとへの執着です。これは、自分が「快」となるように、ひとを思う通りにしようとします。

　ものへの執着は、そのものを集めることに関する経済的な枠組みが持って、それらを保管することを自分で行えている限り、他者に「迷惑をかける」ことがない行動です。しかし、ひとへの執着はどのような関係でも、他者の権利を侵害する行動となります。執着そのものが問題ではなく、執着がどのような結果となるか、そこに問題があります。

❀ 望ましい対応

ものへの執着に対して

　「ものを欲しがるのは良くないことだ。なんでも欲しいからといって手に入りはしない。我慢を教えないといけない」といった考えは間違いではありません。実際その通りです。しかし、なぜ「欲しがるか」によっては、その通りとはならないこともあります。

　例を挙げます。最初はできなかった折り紙の作品ですが、保育者とともに、何度も繰り返し試して、ようやくできるようになったとしましょう。その作品を部屋に飾ってほしいとこどもが願い、その通りにしたとします。そうすると、こども自身も折に触れて自分のその作品を作ったときの喜びを思い返すでしょうし、「形」としてありますから、話題にして保護者にも見せようとするでしょう。作品はひとつだけですが、「形」として知覚できる記憶はより身体の感覚を伴ってよみがえります。

　そうすると、言葉よりも知覚で物事を理解し、記憶し、表現することが自分にとって得意であるならば、ものを見て「形」として確認できる方が、「身体のリズム」は落ち着きます。また、ものは実際にありますから、「みたてる」あそびや、ストーリーを立てたあそびへの興味が持てない、「知覚の偏り」があるこどもにとっては、実物かそれに近いものの方があそべます。

　あそびを成り立たせるのならば、ものを与えることを躊躇するのではなく、それを提供し、ものへの執着を、あそびへの興味に置き換えていくことが、あそびを広げて、そして、ものへの執着から注意を「切り替える」ことになるでしょう。

ひとへの執着に対して

　ひとへの執着と表しましたが、ひとに執着しているのではありません。ひとのある部分に執着しているのです。強い表現をするならば、ひとをひととしてではなく、「ひとをもののようにとらえている」とも考えられます。

　「ひととの関係は愛着の関係」です。お互いの権利を守る関係です。しかし、ひとへの執着は、自分が「快」を得るように、ひとを使う行動を作り出します。特に、性を表す身体の部分は、そこに興味を持つと、性的な強い興奮を伴うことで、習慣づきやすいです。

　「こどもだから」と片づけるのではなく、ひとの権利を侵し、かつ、そのことによって、自分が他者から疎外されていくような行為に注意を焦点化することは行わないようにします。

　「してはならない」ことを明確に伝えるとともに、この執着をものへと置き換えるよう、あそびへ導くことが大切です。

**肯定的に関わることは大切です。
しかし、その行動が習慣づくことで、
そのこどもが自分と他者の権利を侵すなら、
毅然と止めるべきこともあります**

27 保育者や他児に甘える

保育でみられる姿

① 保育者に「べたべた」とする
② 他児にひっつきたがる
③ ひとが嫌がることをする

❧ なぜそうなのか

甘えるとは何か？

「甘える」ことと、「依存する」ことを比べながら、それぞれを考えてみます。

「甘える」とは、このひとに自分を受け入れてほしいという、ひとへの期待です。また、なぜ「このひとに」と焦点があてられるかというと、このひとは自分の「受け入れられる範囲」の感覚を与えてくれる、すなわち、このひとといると「身体のリズム」が整うのです。

こうして、このひとを求め、このひとに自分を委ねます。そして「このひと」が、この期待に応えるならば、そこに愛着が生まれます。「甘える」とは愛着を育む行為です。

「依存する」とは、自分に「快」を与えるように、ひとを支配することです。「このひと」ではなく、「誰でもいい」自分の思い通りにしてくれさえすれば。そうすると、ひとが思い通りにならなければ、メディアに依存する、ゲームに依存するなどと、ものへ依存するようになります。

こどもは甘えているのか、それとも依存しているのか、そこははっきりとわけて対応しましょう。

❧ 望ましい対応

「甘える」習慣を作る

「甘える」ことによって、「身体のリズム」は落ち着きます。この状態を導くひとつが、「抱く」という行動です。求めてくるこどもを突き放さずに「抱く」。そこで、「身体のリズム」が整うとともに、「刺激に振りまわされる」ことのない環境が与えられたならば、自分が興味を持つ活動に自分を駆り立てて、抱かれたところから離れていくことができます。

そうして、「このひと」へ「甘える」ことは、「このひと」が自分を受け入れるひとであることを期待する、ひとに期待を寄せる行為です。期待するとは、「このひと」は自分にこのように接してくれるのではないかと、役割を求める行為ともいえます。役割はひととひととの関係があって生まれますから、ひとに期待を寄せることは、「このひと」に対しての役割を自分に作ることでもあります。親と子の関係と呼ばれるものは、まさしく

「甘える」ことから作られる役割の関係でしょう。そして、こどもが親に「甘える」ことで、自分に対する親の行為を学びます。これは役割を学ぶこととなり、将来、自分が親になれば、どのような行為をこどもにするのかを記憶に留めていきます。

そして、このような「甘える」ことから成り立つ役割関係は、ごっこあそびにもつながります。

人形を用いて、その人形をこどもにみたて、自分が親となり、人形を抱き、連れて歩き、ごはんを与え、着替えさせるといった一連の行為は、自分が親からどのように育てられているのか、親の役割をそのまま自分があそびの中で再現し、自分がどれだけ「大切にされているか」、親によって価値づけられているかを知るあそびです。

親と言いましたが、もちろん保育者と言い換えることができます。

「甘える」ことが、あそびを作り、あそびが将来の自分の役割のイメージを作るといえます。「甘える」ことがあって、次に、このひとから「離れる自信」、すなわち、自分を活動へと導く自信が生まれます。

「甘える」ことは、愛着を育みます。そして、お互いに期待しあう関係をもたらします。

「甘える」ことができなければ、誰か自分を受け入れてくれないか、誰かを探し、その場限りの関係、何の期待も寄せあえない役割のない関係へと、こどもを連れ去ります。

「甘える」ことができれば「依存する」ことはありません。

依存のあるところに甘えはありません。
依存を断ち切れるのは甘えがあるからです。

28 同じ動作を繰り返す

保育でみられる姿

① 繰り返し飛び跳ねる
② くるくると回る
③ 走るときは両手を打ちあわせる

🦋 なぜそうなのか

同じ動作を繰り返すとは？

　繰り返しの動作は、反復する身体の感覚を起こします。この感覚の繰り返しは、抱っこされて寝かしつけられるときのように「身体のリズム」が整うようにはたらきます。つまり落ち着くのです。

　そうすると、何らかの活動を行っているとき、その活動で感じる刺激が「受け入れられる範囲」を超えて、「刺激に振りまわされる」ようになると、繰り返しの動作を行って、落ち着こうとすると考えることができます。また、ある活動から別の活動へ移ると、感じる刺激は変わります。そして、段取りも立て直す必要があります。これは「身体のリズム」が興奮しやすくなるときです。

　活動の切り替えのときにも、同じ動作を繰り返し、興奮を鎮め、その活動に入っていける「身体のリズム」を作っていると考えられます。

　また、見る、聞く、触れるといった身体の外の刺激に敏感であると、そこに注意が向きますから、自分の身体で感じる運動の感覚は意識されません。この「知

覚の偏り」に対して、同じ動作を繰り返すことで、身体の外の刺激に過敏になり過ぎるのを防いでいると考えることもできるでしょう。

🦋 望ましい対応

同じ動作を繰り返すことを保障して、活動を広げる

　同じ動作を繰り返すことは、「身体のリズム」を落ち着けるのですから、このような姿が見られるときは、「身体のリズム」が興奮しています。対応できる以上に刺激があるのです。このように考えて、その刺激は何かを探します。

　ひとの多さかもしれませんし、声の量かもしれませんし、扱うものの多さかもしれません。保育は集団で行われますから、どうしても個別に対応できないことはあります。ひとを減らすことはできませんし、ひとがいれば声は増えますし、こどもの人数に応じてあそびを保障するにはものも多くなります。しかし、それでも、刺激がこどもに入ることを減らす方法はあります。

　室内を区切ることもそうですし、同じ

部屋でいくつかのあそびができるよう、おもちゃを配置しておくと、それぞれのこどもが注意を焦点化できる時間を作ることができます。

　ひとつのあそびをみんなで一斉にしないことも、刺激の量を減らす方法のひとつです。もし「刺激に振りまわされる」こどもがひとりでもいて、そのこどもの「身体のリズム」が整うような保育の環境がつくれるのなら、その環境は特定のこどもだけではなく、どのこどもにとっても「身体のリズム」が整うものとなります。こういった配慮が、視線を広げ、違和感から生じる疎外を防ぐ、と考えることもできるでしょう。

　事務室や応接室などのおとなが机上で作業をする場所は、刺激するものが少なく、部屋によっては常時使用されていないこともあります。こういった場所を利用して、こどもを「刺激に振りまわされる」ことから離すこともできるでしょう。

　保育環境の考え方は、おとなの価値観と、おとなとおとなの関係から作られます。保育は誰のためにあり、何を大事にするのかを考えて、こどもが穏やかに過ごす、そして「違和感のある視線」を集めないで生きていけることを具体的に行いたいと思います。

　ときおり、他のこどもがからかいの対象として行動をまねする姿が見られます。自分が行う動作をまねされるのは嫌なものです。しかし、まねする方は嫌がらせをするために、最初からまねたのではありません。そのこどもの動作の意味が知りたかったのだと考え、それを伝え、その動作を保育者が受け入れるならば、関心の持ち方はすみわける距離となり、それぞれが穏やかに過ごす保育の時間となるのではないでしょうか。

**こどもがひとをからかうならば、
保育者は、そのひとの行動と言動の意味を代弁し、
その保育者の姿をまねるよう求めることです。**

29 気になると自分でも止められない

保育でみられる姿
① 手を洗い続ける
② 爪を噛む
③ 性器を触る

❀ なぜそうなのか

自分でも止められないとは？

「自分の身体のどこかの部分に触れているか、触れ続けている、どこかの部分を動かしているか、動かし続けている」。例として、「目を閉じたり開いたりを繰り返す」「いつまでも石鹸を使って手を洗い続けている」「爪を噛むか、噛み続けている」「性器に触れているか、触れ続けている」「指を口に入れるか、入れ続けている」。

また、「ひとの身体のどこかの部分に触れているか、触れ続けている」。例として、「眠るとき、母親の耳たぶを触り続ける」。

そして、「何かのものを持ち続けることや、何度も触れている」。例として、「いつも何か長いものをもちたがる」「ドアを開けたり閉めたりする」「おもちゃがいつも同じ向きになるようにする」。

こういった行動は、自分なりに見つけた「身体のリズム」が整うようにする方法です。なぜ、このようなことを行わなければならないかというと、「不安」な感情があるからです。

何か「言葉で整理」できない、表現できず、いつまでも感情が出せずに「どきどき」「びくびく」が起きています。この「不安」から自分の注意を逸らすために「たまたま」習慣づいたのが先のような行動です。

ひととの交流の場では、自分の思い通りにならないこと、予期せぬこと、これら戸惑いを感じるときはたくさんあります。この時々で何に戸惑い、どうしたかったのかを「言葉で整理」できると、それを信頼を置くひとに話せますし、受け入れられたのを感じると、落ち着くものです。もし、そのひとがわかってくれなくても、自分で納得できることもあります。

このように自分に生じた問題を順序立てて整理し、それに対する感情を言語化することは、「ほっと」するために大切な「手立て」です。この「手立て」がとれず、自分が一体どうなっているのかわからない、どうすればいいのかわからない、このような漠然とした困り感が「不安」と言われるものです。漠然としていますから、解決できません。そこで、漠然としているものから、「形」としてわかるものに注意を向けて、そのものに関

わっている間、「不安」から離れようと、自分を落ち着かせる行動が、先に挙げたものです。

「爪を噛む」「指を吸う」ことは繰り返される運動ですし、「身体のリズム」が落ち着きます。性器は身体の中でも最も敏感な部分です。刺激することで、他の「刺激に振りまわされる」ことから注意を逸らし、「不安」も拭おうとします。

「母親の耳を触って寝る」「長いものをもちたがる」ときの、何かに触れる、持つ、刺激は、そこに注意を向けて、他の「刺激に振りまわされる」ことに自分が入ることを抑えています。

「ドアを開けたり閉めたり」「おもちゃの向きを直す」ことは、ものの「見え方」に注意を向けることで、何らかの「不安」から注意を移しています。

そうすると、これらの行為は、すべて、「刺激に振りまわされる」のを自分で抑

えるためであり、「不安」から注意を逸らし、自分を落ち着かせるものです。

❦ 望ましい対応

こどもの見つけた手立てを広げる

「汚い」「病気になる」「気にしなくていい」「やめなさい」ではなく、こどもが見つけた「手立て」を、あそびや保育者との交流へ、「注意を逸らす」ことが求められます。

爪を噛んでいたら、あそびに誘い、性器を触って寝ようとしていたら、手をつなぐ、長いものを持って走っていたら、それを使ったあそびを提案する、おもちゃの向きを直すなら、他の片づけも手伝ってもらう。

こうして、刺激が「受け入れられる範囲」となるよう環境を設定し、「不安」は保育者が見つけ、解決を図ります。

「不安」を見つけ、代弁するばかりではなく、
そこから離れて、気持ちを転換し、
行動を変えていくことも大切です。

30 待てない

保育でみられる姿
① 順番を守らない
② 時間になっても取り組まない
③ 何でもすぐにやりたがる

❀ なぜそうなのか

待つとは？

　ある活動を行うとき、使うもの、手順など、必要とするところのおおよそ全体に「注意を配る」ことで、次に、何を使って、どのように順序立てて行うか、という段取りが立ちます。また段取りを立てると、それはどの程度の時間がかかるか検討できます。すると、その活動は今でできそうか、もしくは、別に時間を作る必要があるかを日課をもとに考えます。こうして、活動を行う計画が立ちます。

　この活動をし終えなければならない期限が決まっていたとしても、それにかかる時間が検討できていれば、時間を逆算し、いつから取り組めばいいかの見通しが持てます。

　このように、必要な範囲に「注意を配る」、次に段取りを立てる、そして、時間を検討し、いつから始めるかを逆算して決める。このような行為が時間の感覚を生み出します。

　何かを行うときに、このような過程がとれると、結果がいつでるか、どうすれば結果へと至ることができるか見通せま

す。すると、「待つ」ことが自分にとって、どれくらいの時間のものかがわかりますし、では、その時間まで、どのような活動で時間を埋めるかが考えられ、満足できる時間を過ごす可能性が開けます。

❀ 望ましい対応

注意を配る範囲を伝える

　何かの活動を行うとき、どのような順序で行うのか、完成までの説明図を示します。できるだけ、図示できると、「形」として知覚もしやすいでしょう。そして、各工程で必要とする道具を示します。そうして、その順に行います。これは、必要な「範囲に注意を配る」、段取りを立てることを学ぶこととなります。

時間の感覚を活動の順で示す

　時間の感覚は「形」として確認できないものです。時間が経つと、お腹が減る、眠くなるなど、身体の感覚としてとらえるものです。もし「知覚の偏り」があると、時間の感覚も偏ります。偏るとは、時計の時間と身体の時間のずれの幅が広すぎたり狭すぎたりすることです。このよう

な状態では、時間を逆算して、いつから活動を始めれば、期限までに完成を迎えることができるか、見通せません。結果、間にあわない、焦りすぎた、となります。すると、時間の感覚をわかるひとが、逆算し、活動を計画立てて、ではいつから、毎回、どの程度の工程の数をこなせばいいかを伝えると、感情がなるべくかき乱されることなく、物事に取り組む習慣を作ることができます。

「時間になっても取り組まない」とき、「気持ちがだらだらしている」「めんどくさがり」「自分では何もできない」とするのではなく、時間に応じて取り組む計画を提供し、それを繰り返し、様々な活動で学ぶ機会を作ることが大切です。

年齢に応じ、必要となる活動は変化し、かつ、増えます。「いつか自分でできるようになる」ことを望むのではなく、そのときそのときに、新たに活動を計画立てて、逆算し、伝えるのです。そうする

と、穏やかに物事に取り組む時間も増えますし、自分ではできないときに助けてもらって、自分で取り組む動機づけも生まれます。

順番も「形」で伝える

同じように、並ぶ順番を待つことも、その工程を伝えます。ひとが何人並んでいて、自分は何番目で、誰が行ったら、その次誰でと、見て確認していきます。また、この並んでいる時間を、保育者が逆算しておいて、待っている間、待つことにしか注意が向かないなら、話題を変える、違うところへ視線を移すなどして、待っている間を、別の活動を行うことで埋めます。

この繰り返しの中で、待つことを経験します。待つことは、それまで我慢することです。イライラしながらではなく、行うことで時間を埋めていくと、結果に至る安心を伝えることになります。

**保育者と話をすることも、
その間、注意を向けて、話が終わるまで待つ、
我慢する活動になります。**

31 生活習慣が身につかない

保育でみられる姿
① だらだらと着替える
② 片づけられない
③ ものを雑に扱う

❦ なぜそうなのか

片づけるとは？

　片づけるときに必要なことが２つあります。ひとつは知覚です。ものの形や大きさと収納する場所を対比します。もうひとつは段取りを立てることです。どの順に片づけるかを計画します。この２つでもって、片づけを行います。

　さて、片づけは何のためにするでしょうか。目的はいくつかあるでしょうが、ひとつには、次に使いやすいようにするため、ということがあるでしょう。おもちゃがいつもの場所にあると、いつでもあそびたいときに取り出せる、ということです。

　そして、「次に」とは、「次がある」こと、ここであそぶ「明日がある」ことを意味します。自分はそれができる楽しみがある、ここであそびたい希望がある、ということです。自分はこれからも、今と同じように生き続け、自分には未来があるんだという、自分の将来への期待があって、そのために「片づける」ことが役立つと考えたいですし、これを、こどもに伝えたいと思います。

❦ 望ましい対応

片づけを伝える

　片づけに必要なことから考えると、片づけるものの形や大きさと収納場所を対比して示すことが求められます。

　どのように置いてあるかをその場所に写真などで図示して、その通りに収納することを行う中で、形の知覚の経験を伝えます。このときに、どの順に行うかを口頭で伝えて、終わるまで付き添います。

　しかし、これよりも、もっと保育者がすべきことがあります。

　それは、保育者が片づけることです。

　保育者が、ものの形と収納場所の対比と段取りを「言葉で整理」して説明しながら、自らの行動として示すのです。そうして、片づけることによって、次に生まれることは何か、片づける意味を伝えるのです。このことによって、片づけることがなぜ必要か、片づける保育者の意図は何か、をこどもがわかることで、自分が片づけようと動機づけられるのです。

　愛着を持つ保育者がものを大切にするから、自分も大切にしようと思えます。「片づけなさい」という指示だけでは、

何も伝わらないどころか、愛着も生まれません。

例えば、床におもちゃや人形が散らかったままであることなどは、ないようにしたいものです。けがの原因となることはもちろんですが、ものを大切にしている姿ではありません。また、おもちゃなどが散らばっている平面を見て、それが床だとこどもが知覚していくと、床にものが落ちていても、気にならない、踏んで痛くなければ気にならない、という行動を引き起こします。

これは床だけの話ではありません。机の上もそうです。本棚で本が逆さ向いていることも同じです。おもちゃも本も、自分がそれを使って自分を表現する、この表現とは自分を表すのですから、自分自身です。おもちゃも本も自分自身です。ましてや、その作者はなおさらです。おもちゃを、本を、ものを大切にすること

は、すなわち、自分を、ひとを大切にすることと同じなのです。

保育者が片づける。こどもが片づけを習慣づけるために必要なことはこれだけです。

「だらだら」「雑」と考えない

片づけをするには順序があります。着替えにも順序があります。活動に必要な工程を把握して、段取りを立てて、そこに時間の逆算があるから、順序を踏まえ、時間内の完成を導くことができます。何から始めて、次に何をするのか、見当がついていないからです。

「右の靴下をはいて、できたね。じゃあ、左の靴下ね」というように、ひとつずつ、工程をとる、このことの繰り返しです。ものの扱い方も「ここを持って、そう、そうして、この箱の下まで降ろして、手を放す」と、ひとつずつです。

**いつまでも付き添ってしていると、
できないこどもになる、のではなく、
一緒に段取りを行う保育者をまねて、生活を身につけます。
やってあげるからわかるのです。**

32 思った通りにするよう、
強く求める

保育でみられる姿

① 自分が部屋のドアを開けたかったと、元の場所からやり直す
② 絵をそのものと同じように描くよう求める
③ 何でも一番にやりたがる

❦ なぜそうなのか

「同じようにしたい」とは？

　物事を記憶するとき、見て覚えることが、聞いて覚えるよりも得意である、言い換えると、「形」として知覚で覚える方が、形のない言葉で覚えるよりも得意であるとします。

　そうすると、物事を動画のように記憶します。そして、それを再現するときには、動画を再生するように行います。もし、実際に再現されることが、記憶している動画と違ったなら、それは異なる動画、異なる作品ですから、自分が再生して見たい作品ではありません。

　自分が見たい作品を選び、その通りでないと納得できない、これが「同じようにしたい」ということです。

　そして、「同じようにしたい」ことが保障されなければ、「身体のリズム」は「どきどき」「びくびく」して落ち着きません。

　「同じようにしたい」という思いは、落ち着いて活動を行いたい、という表れであるとともに、それだけ物事の記憶が鮮明である、ということです。

❦ 望ましい対応

できるだけその通りにする

　例として、部屋から園庭へ出て、そこで集まり、散歩に行くとします。このとき、数名のこどもたちが園庭にやって来ました。部屋の扉で泣いているこどもがいるので、その理由を尋ねると、「自分が一番に出たかった」とのことでした。

　このこどもは、散歩に行く工程を、自分なりに「順序立てる」ときに、その流れを動画のように組み立てていると考えます。このとき思いついた動画の「自分が園庭へ向かっていく」シーンの中にある園庭には誰もいなかったのでしょう。

　そうすると、園庭に誰かがいるだけで、自分の段取りは変わりますから、段取りを「切り替える」必要があります。でも、この「切り替える」ができません。

　活動を「順序立てる」ためには、その活動に含まれる、行動、持ち物、手順などの要素のおおよそすべてに注意を配ったうえで、それらの要素の順番を作ることが必要です。

　このとき、注意を配る範囲が全体にわたっていることと、新たな要素に注意を

向けられるだけの余裕のある「身体のリズム」であると、「切り替える」ことができます。

　活動を行うにあたって、注意を必要な範囲に焦点化することができないくらい、その場の「刺激に振りまわされる」「身体のリズム」となっていること、そのことで、活動を「順序立てる」にあたって、自分が把握しておくべき要素を十分にとらえられていない。そのまま自分なりに段取りをとって行動してみた。このとき、予想通りにいかないことが起こった。そうすると、何をどうすれば結果に至れるのか、わからなくなって、混乱した。

　これが「切り替える」ことができない、ということです。

　そうすると、この「どきどき」「びく」している「身体のリズム」が落ち着かないと、必要な要素を提示しても、そこに注意は向きませんし、段取りは思いつけません。

　このようなときは、できることなら、このこどもが最初に段取り立てたようにして、穏やかに活動をすることです。この例のような、集団での活動ならば、このような手立ては無理でしょう。まさか他児を含めてやり直しはできません。

　しかし、抱っこで園庭に向かうか、もう怒って行かないなら、他の保育者が付き添うか、または、活動の段取りを一緒にもう一度立て直して、散歩に行くとどのような楽しみがあるかを、シーンに描くのを促すか、「切り替える」手立てはあります。

こどもの「何でも一番」「何でもその通りに」は、自分なりに考えた結果です。保育者は「そうならないことを教える価値観」から、自分を切り離すことです。

33 姿勢を保てない

保育でみられる姿
① 食事中、机に肘をつく、椅子の背にもたれる
② 食事中、肘があたって食器を落とす
③ 両手でものを扱おうとしない

🐾 なぜそうなのか

姿勢を保つために必要なこととは？

　食事では、「食べる」ことに注意が向けられ、「どれを食べるか」「こぼさない」など、献立やものの扱い、一緒に食べる相手との会話など、食事に関わる物事に焦点があたって、座っている姿勢がどのようであるかは、ほぼ気にしません。しかしこれは、意識されていないだけであって、食事に関わる物事に注意が向けられるのと同様に、食事が滞りなく進むよう、姿勢にも注意は配られています。

　ある活動を行うにあたって、姿勢を保つには、自律的に注意が配られる必要があります。

　両手で活動をするときも、それぞれの手に自律的に注意が配られています。例えば、片方の手で箸を持ち、もう片方でお椀を持って、ご飯を食べるときは、自分が取りたい量を箸でとることは意識されますが、箸を操作する手とお椀をある位置で保つ手の動きは、自律的に注意が配られます。

　自律的な注意によって身体が動くとは、身体の各部分がどのように動いているかを意識して、その動きを「言葉で整理」して「順序立てる」必要がない、という意味です。

　食事を例にすると、いくつかの器が並んでいる中で、目的とする器を取ろうと手を伸ばすときは、体幹もその方向へ動きます。体幹が手の動きとともに、他の器に身体があたらないように、運動を調整しています。このとき、自律的な注意が身体の各部分にはたらきます。

　机上で活動をしているときに、椅子の背にもたれていると、手は前方へ動こうとしますが、体幹は後方へ向かっているので、円滑に手を動かしづらい身体の動きとなっています。このようなときは、自律的な注意が身体の各部分に向けられておらず、活動に必要な手の動きや、活動が滞りなく進むように机上のものを保つよう運動が調整されません。

性格や育ちの問題ではない

　「姿勢が悪い」「行儀が悪い」のは、このように、自律的に運動が調整されず、「効率よく」身体を動かすことができていないことであり、「性格や育ちの問題」ではありません。

また、「何度注意してもできない」のは、自分の身体にどのように注意を向けると「効率よく」活動ができるかがわからないからです。手を使うときに、椅子に体幹をもたらせると、体幹の動きは椅子に任せることができます。そうすると、注意を手のみに向けることができます。食事中、お椀を持たず、片手で食べる、といったことも同じです。片手だけに注意を向けています。

自分が持って生まれた注意の能力を使って、自分なりに「手立て」を組み立てて、活動がうまくできるように運動した結果を、「姿勢が悪い」「行儀が悪い」と判断してはいけません。

🦋 望ましい対応

意識して注意を向けることを促す

では、このようなこどもの姿に対して、保育者は何ができるでしょうか。

まず、姿勢が悪いと言葉で指摘して、直しなさいと指示することは意味がありません。

もし、食事中に椅子にもたれていれば、保育者がこどもの背中を起こし、椅子に深く腰をかけられるようにして、机の下にある手を出してお椀を持つように促し、手があたって器がひっくり返らないように、並べ替える。これだけです。

背中を起こす方が素敵な姿であることを伝え、その方が手は使いやすいことを説明し、片方の手も添えた方が安全にできることを話し、食器がひっくり返らないことで、気持ちよく食事ができることを経験できるようにします。ほかの活動も同じです。

この保育者の関わりがあって、自分の持って生まれた注意の能力の範囲でできることは自分でする、という思いにこどもは自ずと気づきます。

誰しも、自分が持って生まれた能力を効率よく使おうと、自分に取り組みます。その結果を見映えだけで評価されると、やる気が失せるでしょう。

34 利き手が決まっていない

保育でみられる姿

① 両手でものを扱おうとしない
② スプーンや箸を使う方の手がまちまちだ
③ ペンを持つ手とはさみを持つ手が違う

❤ なぜそうなのか

利き手と非利き手とは？

利き手は道具を使う方の手です。はさみ、ペン、箸などを扱います。はさみを「閉じる／開く」と「順序立てる」ことによって、切り進めることができます。ペンで文字を書くとき、ある点からある点まで線を描き、それらいくつかの線の向きを順に構成して、文字とします。文字は、線を「順序立てる」ことによって識別できる形となります。箸で魚を食べるには、箸を魚へ近づけながら、箸を開きながら、魚の身のあるところで止めながら、箸を閉じて、その位置を保ちながら、口に運ぶという、一連の動きを「順序立てる」ことが必要です。

利き手は「順序立てる」手です。「順序立てる」とは、物事を順に行いますから、時間が生まれます。「利き手は時間に沿って動く手」とも言えます。

非利き手は、利き手が順序よく物事に取り組めるよう、はさみを使うときは、紙を持ち、紙の向きを変えていきます。ペンを使うときは、紙を机上で押さえ、箸を使うときは、器の位置を保ちます。

非利き手は、物事を行うとき、利き手の動きの位置を決める手です。「非利き手は空間を作る手」とも言えます。

❤ 望ましい対応

利き手を判断する

利き手を判断する指標はいくつかあり、利き手は脳のはたらきの現れですから、厳密には脳を調べないと結論づけられません。しかし、利き手を「こどもが道具をよく持つ手」と考えるだけで間違いは起こりません。「よく持つ」とは、脳が「効率よく」、自律的な注意をはらって現した運動です。

そのこどもが持つ能力そのものですから、「こどもが道具をよく持つ手」を利き手として、道具を使うように促すことは、こどもの脳のはたらきを妨げるよりも、むしろ、それを促進すると考えます。利き手は乳児期から、その傾向が現れ始め、就学の頃に向かって定まっていきますので、0歳児のときも、おもちゃをよく使う手が利き手になっていく手と考えます。

はさみやペンといった道具をよく使う

手、ボールを投げる手、いくつかの活動を通して、こどもの手を観察して、利き手を判断してみます。

さて、そうしたとき、それらの活動のすべてにおいて、同じ方の手を使っているなら、判断もしやすいですが、そうではないこともあります。

この場合、利き手が定まっていないと考えられます。

利き手が定まっていない現れをひとつ紹介しておきます。机上で塗り絵をしているこどもを例とします。色鉛筆が左右に散らばっています。右側が利き手ならば、使いたい色が左にあると、右手を左側に向けます。このとき、身体の左右を分ける線、鼻とへそを結んだ線を右手は交叉します。

もし、この活動のときに、右手が交叉しないように、体幹ごと左に向かって色鉛筆をとる、左手でとって右手で持ち替える、といった動きが頻回にみられるならば、利き手が定まっていない現れと考えて差し支えはありません。このような手の動きをするこどもは、右にあるものは右手、左にあるものは左手で取る、そして、物事を片手で行うことが多いです。

しかし、このような姿があっても、よく使う方の手はありますし、道具をより使いやすい手はあります。こちらの手を利き手として使っていくように促して、道具を渡していきます。

利き手は「順序立てる」点で「言葉で整理」することと似ていますし、非利き手は空間に関係する点で「知覚」と似ています。両方をあわせて、自分にとって意味のある活動を行うことができます。このときも、保育者が道具の使い方、ものの持ち方は手を添えて、「知覚」できるよう促すとともに、手の動きを「順序立てる」よう、言葉も添えて伝えます。

両手でものを扱わない、身体を落ち着かせて手を使えないなら、保育者が両手を添えて、はたらきかけることです。

35　うそをつく

保育でみられる姿

① ものをよくなくす、どこに置いたか覚えていない
② 事実と異なることを平気で言う
③ よく「きょろきょろ」としている

❧ なぜそうなのか

覚えているとは？

　周りを見るとき、眼を動かします。これは、自分がどのような状況であるかを把握するひとつの「手立て」です。

　このとき、自分がどのように行動をするとよいのか、自分の行動を意味づけるために必要な物事を「順序立てる」ように、それらの方を順に見ます。ビデオカメラで動画をとるように眼が順序立って動きます。時間の順に沿って眼が動きますから、見た物事の筋道が立ちます。

　「順序立てる」ことは「言葉で整理」することとも似ていますから、筋道が立つとは、自分の出来事を物語としてとらえることです。

　物語ですから、このとき、自分は周りをどのようにとらえて、どのような行動を選択して、どうしたのか、それはどういう意味があったのかと、自分の行動を解釈します。

　このような自分の理解が、自分のことの記憶です。

うそをつくとは？

　眼でものをとらえるときに、滑らかに物事を追うことができない、環境の必要なところに順序立てて焦点をあてられないとなると、自分の行動の記憶は断片的で、あいまいなものとなります。すると、自分の出来事を事実とは異なって記憶し、それを語ることは起こりえます。

❧ 望ましい対応

必要なところに目を向けるよう促す

　眼でものを見るとき、眼は非利き手と同じように、ものの位置を定めるとともに、利き手と同じように、時間に沿って、順を追ってものを見続けるか、それぞれのものに眼を動かします (p.82)。

　そうすると、利き手が定まっていないことと同じように、左から右へ、右から左へ、眼を交叉させて動かすことができないと、顔ごと目をその方に向けることや、滑らかにとらえられず、ものを見失うことも起こります。

　こどもがものを見ているとき、顔ごときょろきょろとしているなら、滑らかに眼を動かすことができていない現れとも

考えられます。

顔ごと動かすのですから、眼だけを動かしてものを探すよりも、動きの範囲が広くなり、見逃しているところが出てきます。このことで、ものの置かれた場所を特定できないことが起こります。そして、自分がものを置いた場所を眼でとらえ確認できないことによって、どこにあるかわからなくなることも生じます。

このような様子がうかがえるなら、保育者はこどもが着目すべきところを指差し、それをこどもが眼でとらえたのを確認してから、言葉を添えて、場所を伝えて、状況を筋道立てるように手伝います。

保育者が、こどもが見ることを順序だてて「言葉で整理」して伝えるのです。

事実を押しつけない

他者からみて、それが事実と異なることであっても、こども自身がそう覚えているなら、それは、こどもにとってみれば事実です。このようなとき、こどもの言うことを、「うそ」と片づけ、自分がとらえたことが事実であると保育者が押しつけると、こどもは到底、納得できませんし、逆に保育者が「うそ」をついていると思うでしょう。しかし保育者は、自分より身体が大きいし、自分より言葉を使うことができるし、自分の生活を保障しているので、結局、負けてしまいます。このような敵対する関係は作らないことです。

こどもが事実と異なることを言うのであれば、それは耳を傾けるべきです。そのうえで、保育者はどのようにとらえたのか、ひとつの解釈を伝えます。そして、事実を確かめるのではなく、その状況のときに、どういった行動をとると良かったのか、次に同じようなことが起こったときに、どうすればうまくいくのか、を伝えます。

うそをつくように生まれてきたひとはいません。
とらえられていない事実を押しつけるから、
うそつきにしてしまうのです。

36 ものの管理ができない

保育でみられる姿

① 服やハンカチをたたまない

② ものを置きっぱなしにしている

③ シャツがズボンから出たまま

❧ なぜそうなのか

たためるとは？

　ハンカチをたたむことを考えてみます。たたみ始める前に、たたみ終わった形を思い描くことがまず必要です。そして、その完成に至るためには、どの順番にハンカチを折っていくかを考えます。ひとつの工程にあたって、ハンカチのどこを自分のどちらの手で持って、どこへ向けて手を動かし、持つところをどのように変えて、次の工程に移るかを順序立てます。

　このように考えると、ハンカチをたたむにあたって、ハンカチを知覚し、自律して指先が動くように身体に注意を配り、形の変化を眼で追い、見続け、たたみ終わった形に向かっているか、完成形を記憶から呼び起こし、照らしあわせ、これらの工程の間、注意を持続する。これらの能力が必要であるとわかります。

　これらのうち、どれかひとつでもできないと、ハンカチを「効率よく」たためません。

　ましてや、服をたたむとなると、形はもっと複雑になりますから、その形の知覚も、運動も、完成した形との照合も、より注意を配り続けることが必要です。それだけ努力が求められます。

❧ 望ましい対応

知覚を言葉や図で伝える

　服をたたむとき、服を広げ、形や材質を言葉で伝えます。シャツならば、左右対称であることや生地が柔らかいことなどです。左右対称であるから真ん中の方向とはどこか、生地が柔らかいから、両手でつまむ力をどのぐらいにするか、身体の使い方をまた言葉で説明できます。その言葉によって、服をたたむときにどこに眼を向けるのかがわかります。

　また、服をたたむ工程を図にすると、それぞれの工程の完成形がわかります。それと照らしあわせることで、どこまで自分が進んだか、段取りをとらえることができます。また、その通りにできていないなら、どの工程に問題があったかを確認できるとともに、やり直す手順もわかります。こうして、ひとつひとつの工程をやり通すことで、注意を持続する習慣作りもできます。

このような伝え方は、それぞれのこどもが持つ、知覚、順序立て、眼の動き、手の動き、注意の配り方といった能力にあわせたものとなります。

また、このような生活に必要なものの管理をあそびの中で経験することもできます。

折り紙、ブロック、あやとりは、服をたたむことと同じ能力を必要とします。こういったあそびで作る作品の工程を、簡単なものから複雑なものまで段階づけて、それぞれのこどもの興味とあわせて、楽しみを持って経験できると、それは生活にも生きてきます。

努力を減らす

先に述べた能力は、もちろん、持って生まれたものですし、こどもによっては、それらの得意不得意はあるでしょう。そうすると、ハンカチをたたむことひとつとっても、些細なこと、できて当然などと言うことはできません。折り紙を半分に折ることも、努力がいるならば、あそびとはなりません。

何にでも言えますが、保育者が「繰り返し教えることに飽きる」と、こどもは覚えていけません。また、「繰り返し教えても覚えられないことは、覚えられない」ことも知っておく必要があります。

できないことにいくら努力を向けても身につきません。身につかないことに時間をかけたとして、何が生まれるでしょうか。

繰り返し伝えて、できることは何で、できないことは何でと、こどもの持って生まれた能力を整理すると、何を引き出してあげるとよいかがわかります。

努力を減らすことが、できることを増やすと考えると、こどもも保育者も楽しい学びとなり、愛着の関係が生まれます。

37 自分でしようとしない

保育でみられる姿
① 身支度に時間がかかる
② 何でもやってほしがる
③ すぐに「できない」と言う

🦋 なぜそうなのか

「できない」と言う、とは？

　「できる」ことは良いことと思う価値観が強いと、「できない」ことは悪いことと思ってしまいます。しかし、物事を「できる／できない」は、単に努力の問題ではありません。

　知覚、運動、注意、記憶、といった能力があわさって物事の「できる／できない」という結果が出ます。また、ひとは「知的好奇心」を持っていますが、それは、「やってみたい」という、良い結果を期待するものです。

　このように考えると、こどもが「できない」と言うときは、そう言わざるを得ない理由があることがわかります。その理由が「36 ものの管理ができない」(p.86)でも挙げた、それぞれの能力の程度です。

やり方を覚えるとは？

　何かを記憶するためには、それに必要なことに注意を配り続けることが求められます。

　例えば、折り紙を覚えるなら、紙を操作しながら、形の変化を確認しながら、どこに気をつけるかを確認しながら、完成形を思い出しながらと、いくつもの「ながら」、すなわち、同時に注意を配ることで、自分が行っていることを自分で省みます。

　こうして、自分を客観視することで、自分の行動を覚えることができます。

🦋 望ましい対応

「できない」ならどうするかを伝える

　「できない」という発言を否定するのではなく、「このこどもは、どこが、どのように、なぜできないのか」を考えます。「どこが」は工程です。「どのように」は操作であり、知覚、運動、注意といった能力です。ある工程を行うために必要な知覚、運動、注意などの能力と、そのこどもが持つそれらの能力の差が「なぜできないのか」の理由です。

　こうして、ひとつずつの要素をわけて検討できると、それは例えば、注意を必要なところに配れていなかったからか、持つところが違っていたのか、形がわからなくなっていたのか、理由を見つけることができます。そして、その理由に対

して、そのこどもはできそうなのか、できなさそうなのかを判断できると、「手立て」を伝えて、こどもが行うように促すのか、それとも、保育者がそこは行うのかがわかります。

保育者が安心して、こどもに促すこと、やってあげることができます。

そうすると、これがあそびならば、保育者自身がそのあそびを行って、それを完遂するのに必要な能力の程度がわかります。これがひとつの基準になって、それぞれのこどもの能力にあったあそびを提供できます。

保育者があそべないと、こどもはあそべません。

自分への気づきを伝える

こどもの能力と活動に必要な能力を照らしあわせることで、どこに注意を配って、手順を進めるかを「言葉で整理」し

て伝えることができます。そして、何に困ったら、保育者を求めればよいのかを伝えることもできます。この「何に困ったら」がわかるとは、その通り、自分が困っていることがわかることで、これは、自分の状態を客観視していることです。

「わからない」「できない」を素直に保育者に伝えるとともに、「手伝ってほしい」ことを言葉として伝え、それが叶ったなら、「ありがとう」と言う。このような「やりとり」が、そこで経験し続けられれば、自分ができることは何か、できないことは何かに気づけます。そして、自分でできない理由を保育者から伝えられた「言葉で整理」し、自分の能力を推しはかっていくこともできます。それとともに、ひとを手伝うとはどういうことか。そのとき、ひとがどういう感情になるのかを経験できて、「利他的」である自分を育むことができます。

保育者に「手伝って」と言える素直さを受け入れることは、こどもが「利他的」な存在となるよう育むことになります。

38 話を聞かない

保育でみられる姿

① 集団で話をしていると、隣のこどもにもたれる
② 話を聞いている途中、寝そべる
③ 何もないところでつまずいて転ぶ

❀ なぜそうなのか

ひとの話を聞くときに寝そべるとは？

　話の内容を理解できて、興味を持つことができる、という前提で考えてみましょう。

　座りながら、話を聞きながら、その話の内容を推しはかりながら、そのことに対する自分の感情を感じながら、どのタイミングで自分の意思を発するか図りながら、言いたいことを記憶に留めながら、と、いくつもの「ながら」があります。注意をいくつものことに同時に配れる範囲が狭いと、どれかを「ながら」から外さなければならず、このとき、「座りながら」を外して、床に寝そべったり、隣のこどもにもたれたり、といった姿になります。

　一見、「態度が悪い」と思える行動が、こどもにすれば、「話を聞こう」と、やるべきことに取り組む真摯な態度となっている場合があります。やはり、見映えで即断しないことです。

❀ 望ましい対応

「このこどもだけ」を許す

　集団で話を聞いているとき、隣のこどもにもたれるのは、注意を自分の姿勢の保持にまで広げることができないからです。「聞く」ために耳を対象に向けるときに、身体が自律的にはたらいていない状態です。このとき、「ちゃんと座る」ことを求めると、話を聞くことではなく、座ることに意識を向けるよう努力をさせることになってしまいます。これでは、話の内容を理解して、興味を膨らますことはできません。

　ならば、自分で座ることに注意をしなくてよい状態を提供することが必要となります。

　具体的には、椅子にもたれて座る、壁にもたれて座る、ということになるでしょう。また、保育者の膝に抱く、ということになるでしょう。

　集団の生活では、「このこどもだけ」という考え方は否定されやすいように感じますし、他児も「このこどもだけ」ずるい、という思いも持ちやすいです。

　しかし、この集団で、このとき、何を

達成しようとしているか、保育者がその目標の優先順を順序立てられていると、「このこどもだけ」への適用を他児にも説明できます。

　集団で絵本を聞くとき、このこどもは、自分が座っていることを忘れるぐらい、話に集中する、そうすると、隣のこどもにもたれる、ならば、隣のこどもは話を楽しめない。嫌だと言う。その声に保育者が対応すると、絵本が途中になって、みんなで楽しめない。そこで、この「こどもだけ」保育者の膝に抱く。そうすると、絵本の時間、絵本を楽しむ、という一番大事なことができる。もし、自分も抱いてほしいというこどもがいたとしても、話を聞くときに座っていられるなら、それができる能力を発揮するように励まます。すると、できることをほめることも

できる。ほかの活動のときに、そのこどもを抱くこともできる。

　このように考え、それぞれ「このこどもだけ」に必要なことを与えることができると、どのこどもにも個別に必要な配慮を保障できます。

「ありがとう」は保育者から伝える

　膝に抱かれて話を聞くことができれば、話を聞く、という「できることができた」ことになります。抱いてほしい気持ちを抑えて、座っていられれば、それも「できることができた」ことです。

　そうすると、保育者が言うべきことは、「ありがとう」でしょう。こどもが自分に取り組み、そのことで「利他的」な行動ができたのですから。

**保育者の「ありがとう」から、
こどもは「ありがとう」と
ひとに感謝することを学びます。**

39　自己主張が強い

保育でみられる姿

① 一方的にしゃべる
②「だって」「でも」と言い訳が多い
③ 呼んでも返事をしない

❀ なぜそうなのか

「一方的」とは？

　一対一で話をするときでも、自分が言いたいことを文に組み立てながら、相手の方へ向きながら、相手の表情を確認しながら、相手の発言があれば、一旦、喋るのを止めながら、と、いくつもの「ながら」を行います。

　「一方的」に喋るとは、いくつものことに注意を配ることができないことで、自分の発言にのみ注意が向き過ぎてしまっている、ことです。

　「話を聞かない」のではなく、注意の範囲の狭さによって「話を聞けない」のです。

「言い訳」とは？

　言い訳をするときは、自分ができなかったことがわかっているときです。そして、できなかったことはわかっているけれども、なぜできなかったのか、理由がみつかっていません。理由がみつかっていないとは、自分の能力と、その活動を達成するために求められる能力を照らしあわせることができていないのです。

　あれこれできなかった理由は思いつけますが、照らしあわせてではないので、聞いている方は、その理由がもっともらしいと思えず、言い逃れだととってしまうのです。

　言い訳は、できない自分を受け入れているのに、その自分が見えてこないことで、自分にとまどう姿の表れです。

❀ 望ましい対応

「一方的」を引き出す

　呼んでも返事をせずにあそび続けているとき、喋りだしたら止まらないとき、こういったときは、そのあそび、その話に「過度に集中」しています。「過度に集中」しているとは、そこに打ち込んでいる姿です。

　これは、注意を配る範囲が狭いことの現れではありますが、その活動を行うにあたって、能力を最も発揮できている姿でもあります。

　ある活動について、「自分の能力」と「活動に必要な能力」が等しいとします。すると、活動を円滑に行い、達成へ進みますから、集中することができます。

ある活動について、「自分の能力」が「活動に必要な能力」よりも低いとします。すると、活動は達成に至ることができず、自信は得られません。

ある活動について、「自分の能力」が「活動に必要な能力」よりも高いとします。すると、活動はたやすく達成に届きますから、退屈なものとなります。

このように考えると、「過度に集中」しているときは、それができるほど、「自分の能力」と「活動が求める能力」があわさって、その活動に必要な知覚、運動、注意といった能力を発揮できている状態、すなわち、持って生まれた能力を最も自分で引き出せている姿です。

このとき、時間を忘れるぐらい打ち込めますが、その感情は「楽しい」ものであり、自分の得意を披露できています。

得意であるとは、その活動を続けていける、その活動を積み上げて何らかの結果を出せることです。

得意であるからこそ、嫌な気持ちを起こさずに励むことができます。もし、その活動が、ブロックで何かを作ることであったなら、そこに励むことで、ものを組みあわせて作ることを好きになれるかもしれません。ものを組みあわせて作ることとは、言葉を組みあわせて物語を想像することかもしれませんし、パーツを組みあわせて機械を作ることかもしれません。

このように、得意を理解すると、将来的には、それが趣味となり、部活動につながり、職業選択へ広がり、そこで、趣味をするひととして、部活動の一員として、勤労者として、役割をもって、ひととつながることになると考えられます。

得意なことに励むことで、自分を推しはかることができると、できない理由もみつかります。そうすると、とまどってばかりの自分ではなくなります。

一方的は一途なこと。
得意な自分が見つかると、そこからひととつながります。
長い目でこどもの姿を考えることです。

40 目が離せない

保育でみられる姿
① 止めても高いところに登るのをやめない
② 急に走り出す
③ 触ってはいけないと言っても触る

❦ なぜそうなのか

「衝動的」とは？

　危険を省みず、止めるのを聞かず、同じことを繰り返す。こういった姿は「衝動的」です。「衝動的」とは「思いついたらやってみないと気が済まない」姿です。

　「やってみないと気が済まない」とは何かを考えます。これは、結果を知りたい、という気持ちの表れであり、かつ、その結果に「身体のリズム」が興奮していて、その物事が与える「刺激に振りまわされている」状態です。このようなことですから、その結果に到達するまでの工程を「順序立てる」ことはできていませんし、それだけに注意を必要な範囲に配ることもできていません。

　つまり、「衝動的」を言い換えると、ある物事を行うにあたって、そこで感じる刺激に興奮して、自分を抑えられず、目の前のことに過度に集中して、これから起こるであろうことを予測できていない、ということです。

　予測できないとは、結果をいくつかシミュレーションできないことです。こうするとこうなるだろう、ということができないのですから、順序立てて「言葉で整理」して、イメージを作れない、ということになります。

❦ 望ましい対応

結果、危険である場合の対応

　高いところに登って、そこから転落することが予測されるならば、もちろん、止めるべきです。急に車道に飛び出すのも然りです。

　このような行動のとき、こどもは興奮しています。興奮しているときは、刺激に過敏ですから、「あぶない！」「やめなさい！」と、大きな声をかけることでより興奮を引き起こし、行動を強めることも考えられます。こどもが危険なときは、止めることに保育者自身が過度に集中してしまって、自身も興奮しています。そのため大声を出してしまいます。こどもの命に関わり、保育者も動揺しますが、できれば、声はこらえて、こどもの身体を押さえ、抱きとめ、引き戻すようにしたいと思います。

　そしてこのとき、叱らないようにします。行動を止められたことに抵抗して、

興奮は高まっています。そうすると言葉を聞き入れられる状態ではありません。保育者が厳しい表情で、強い口調をとると、そのことがより興奮を強め、より衝動性を高めます。

　行動を止められたときに、こどもが怒り、叫び、泣くなら、それを黙って見守り、危険な行動を再びとることがないようにして、落ち着くのを待ちます。何とか落ち着かそうという気持ちは湧いてきますが、ここでまた保育者が関わってしまうと、それが刺激となり、より興奮を引き出してしまいます。黙って待つことです。このことは、こどもがいらだって、癇癪を起している、「パニック」になっていると言われるときも同じです。

　そうして、こどもが落ち着いたら、身体を抱きとめ、泣いているなら拭き、汗が出ているなら着替え、のどが渇いているなら水分を与え、「身体のリズム」が整うようにします。

　これができて、ようやく、話を聞く状態になります。

　話ができるようになっても、「なぜそれをしたのか」や「それをするとどうなっていたのか」を聞くべきではありません。それは、過去のことであり、記憶や言葉で順序立ててイメージを作る能力を求めることになります。そもそも、これらの能力があれば、最初からしませんし、止めればすぐにやめられたでしょう。

　こどもが落ち着いてから必要な言葉は、「これはしない」「これをする」です。今から何をすれば楽しいかを伝えることであり、行動を切り替えることを習慣づけることであり、危険なことから注意を逸らすことです。

結果、危険ではない場合の対応

　やって気が済むなら、見守って、させてみることです。やったことから戻ることは行動を切り替えることと同じです。

**止めるにせよ、させるにせよ、
こどもが自分で自分を落ち着かせるのであって、
保育者は、それを手伝うだけです。**

41　力加減がわからない

保育でみられる姿

① 大きな声で喋る
② 他児を倒すぐらいの力で押す
③ 筆圧が弱い

❦ なぜそうなのか

「力加減」とは？

「力加減」とは、身体を動かす際に、自分が目的とする方へ身体が動いているかに注意を配りながら、対象を知覚しながら、そして、対象にあわせて操作できているかに注意を配りながら、目的が達成できているかを省みながらと、いくつもの「ながら」が組みあわさり、それが力の入れ具合として現されたものです。

力加減がわからないとは、ひとつは対象をとらえるにあたって「知覚の偏り」があること。もうひとつは、自分の行動を省みるにあたって必要な範囲に注意を配れていない、という注意の能力に問題があることです。

筆圧は、ペンの素材や紙の硬さを知覚し、それにあわせた運動に注意を配ることができて生まれる運動です。筆圧が強すぎる、弱すぎるのは、知覚と注意の問題です。落としてしまう、つぶしてしまう、ひっくり返してしまうといった、ものの操作の失敗はここにあります。

知覚や注意は、「刺激に振りまわされる」ことによって「身体のリズム」が興奮すると、より偏りが強まります。すると「思わず」力が入って、相手を怪我させてしまいます。

❦ 望ましい対応

知覚と注意にはたらきかける

興奮しているときは、自分を省みることはできません。落ち着く状態を作り、そして、落ち着いたときに、自分の状態を「言葉で整理」します。

こどもが大きな声で喋っているときは、相手との距離、自分の声の大きさ、周りの様子に注意を配ることはできていません。喋ることに過度に集中しています。すると、同時に、いくつかのことに気づけません。

こういったときは、まず、おおよその話題のまとまりのところで話を止めます。そして、保育者が適切だと思う声の大きさでこどもに話しかけます。このとき、例えば「今のは5の大きさ、2だとこれぐらい、8だとこれぐらい。2だと聞こえなかったよね。8だとびっくりしたよね。あなたのさっきの声は8だったよ」と、声の大きさの指標を示し、その

大きさの声を聞く体験を促します。そうしてから「5の大きさで喋ってね」と願い出ます。指標があると、繰り返し「お願い」することができますから、こどもの知覚と注意の能力を非難することにはなりません。

また、他児を押してしまったとき、できるだけそうならないように身体を止めなければいけませんが、保育者が追いつかないこともあります。このときは、押し倒されたこどもを手当することが優先されますが、押したこどもも落ち着かせる必要があります。ひとまず、こどもも保育者も、どういったことが起こったのかを言葉でたどります。

そして、この押したことに対して、その場で「力加減」を教えるのではなく、あそびで経験できるようにします。

ボールを投げる、どろだんごを作る、などの道具を使わないあそびですと、素材を直接、知覚し、手の運動に配る注意の範囲はそう大きくありません。しかし、コマやけん玉などは、それらが道具を使うあそびなので、知覚する対象は増えますし、注意の範囲もあわせて増えます。コマですと、コマとひも、けん玉なら、けん、皿、ひも、玉と対象が増えます。

そのこどもの持つ知覚と注意の範囲を保育者は検討して、その能力にあったあそびが提供できると、そこで「力加減」を学ぶ経験を促すことができます。

こういったあそびで素材や道具を使うにあたって、このときも、「力加減」の指標を作り、それを提示して、保育者が実際に行ってみることも必要です。

保育者が、うまくできる姿と同様に、
失敗する姿を演じ、そのことで、
適切な行動を示すこともできます。

42　手先が不器用だ

保育でみられる姿

① ひもを結べない
② 握り箸になる
③ 傘をたためない

❋ なぜそうなのか

手先が、器用、もしくは不器用とは？

　「器用／不器用」は、それぞれのひとが持って生まれたものです。この時代、この社会、この地域に存在する様々な活動、特に、その中にあって、年齢的な発達に応じて要請されて、自分が行いたいと望み、行うよう期待される活動に取り組むにあたっての知覚、運動、注意の能力の程度と言うことができます。

　「器用／不器用」は、知覚、運動、注意があわさって生み出される「手立て」の取り方であり、運動のことだけではありません。

　そうすると、手先が「器用／不器用」とは、ある活動を行うにあたって、各工程に必要な範囲に注意を配り、手順を段取り立てることができているか、その工程に必要とされる指先の操作は可能なのか、行う間、必要なところに目を向けることができているか、そこで扱うものの素材や形をとらえることができているか、の現れです。

❋ 望ましい対応

活動を選択する

　こどもの「器用／不器用」は、こどもの能力そのものだけで判断されるのではありません。「活動の意味」を考える必要があります。保育で提供する「この活動」は、「このこども」の発達にとって、「どうしても必要かどうか」。そして、「このこども」が「行いたいと望む」ものかどうか、です。

　このうち、「どうしても必要かどうか」を決めるにあたって、「どうしても」をどのように考えるかが大切です。

　「どうしても必要」な活動とは、その活動を経験し、できるようになることが、将来担うであろう社会的な役割の範囲を広げて、将来の生活における選択肢を増やす可能性のあるものです。

　社会的な役割とは、きょうだい、生徒、班長、当番、委員、級友、先輩、リーダー、趣味仲間、親友、勤労者、親、などです。

　ひとは、赤ちゃんとして、親にとってのこどもとして、生まれてきます。そして、きょうだい、園児、友だち、などの役割をとり、当番に携わり、部活動の一

員となり、アルバイトで仕事をする役割を覚え、趣味を行うことなどを通して、自分の生活を作っていきます。そして、そういった役割を一通り終えて、人生を閉じます。

これらの役割を行うことは、日課を過ごすことそのものです。例えば、目覚めて身だしなみを整え、着替え、食事を行うことは、自分に取り組むひととしての役割です。保育の場で過ごすときは、園児、クラスメート、仲良し、といった役割です。年齢とともに、日課の項目が増えるのは役割が増えるからです。

このように考えると、役割があることは自分の時間を自分のものとしつつ、他者と交流し、その中にあって、その役割を行うに必要な、知覚、運動、注意の能力を使うと言えます。

そこで、こどもが将来、どういった役割を担うと楽しみのある生活を育んでいけそうなのか、確定はできませんが、可能性を広げます。

この可能性を検討するにあたって、今、保育で、「このこども」の将来の選択肢を広げる活動は何かを考えるのです。

そのために、まずは、「このこども」が「楽しみを感じて、大事とする」活動は何か、を保育者が選んで、次に、「このこども」が持つ、知覚、運動、注意の能力と、選択した活動のそれらを比べて、「このこども」の能力にあった活動を提供します。

そして、その活動の工程のひとつひとつの手順をともに行います。

「器用／不器用」を、見映えでとらえないことです。

**こどもの持って生まれた能力で
できる役割に着目すると、
保育者の手を離れた後にまで
関わることができます。**

43 運動が苦手だ

保育でみられる姿
① なわとびができない
② 跳び箱ができない
③ ボールがとれない

🦋 なぜそうなのか

運動が「できない」とは？

　跳び箱を行うことを例として考えてみます。スタートから跳び箱までの距離を見て推しはかり、踏み台に効果的に力を込めるために、どの程度の速さと歩幅で助走するかを考え、走りながら、運動を調整し、踏み台に足をかける前には、両手が跳び箱の前方に届くために必要な踏み込みを予測し、そして、跳躍と同時に両手を跳び箱にかけるとともに、跳び箱を押して、身体を前方に動かし、そのわずかな間に両足を揃えて着地する準備をして、着床と同時に体幹を伸ばす。このように、同時に、いくつもの運動に注意を向け、跳び箱と自分の距離を知覚し、運動を修正しながら持続するといったことを順序立て、ようやく、跳び箱に取り組むことができます。

　跳び箱ができない、とは、注意、知覚、運動の能力の程度に差があって、それらをまとめ、できるために必要な工程を順序立てることができないこと、と考えることができます。特に、同時に複数の運動を行うことができないことが問題とし

て挙げられます。

🦋 望ましい対応

工程をわけて練習してみる

　なわとびを例としましょう。両手でなわを持って立ちます。なわは身体の後ろにあります。両手を同時に後ろから前へ回します。このとき、なわが遠心力で張るように力を入れます。そして、なわが足元に届いたときに、両足を揃えて飛び、同時に両手をそのまま後ろへ回します。

　このように工程をわけて捉えます。そうして、運動のひとつひとつを試してみます。両手を後ろから前へ回すこと、片手でなわを持ってみて、なわが張った感じを手でとらえること、片手で持ったなわが足元にきたことを確認すること、こういった工程のできることと、できないことを整理します。

　そして、その工程の手順を示すとき、保育者が身体を動かしながら、注意を払う身体の部分を指し、そこをどのように動かすのかを、「言葉で整理」して伝えます。運動という感覚的なことを、「言葉で整理」します。言葉によって、でき

る範囲の注意を向け、自分の身体のどの部分となわのどういった動きをあわせるかをどのように知覚するかを伝えます。

そうすると、感覚的に行うものを、同時に言葉で考えて行いますから、努力が必要です。努力はエネルギーを求めますから、持続して行う注意力は早く消費されていきます。工程を区切って、時間を短く、そして、練習の後は、ひとりで容易にやり終えることができる活動に切り替えます。

同時に複数の運動を行う練習をする

ここで、少し細かな運動である、折り紙を例に挙げます。机上に両手を出し、折り紙を広げて、それを下から上へと半分に折るとしましょう。このとき、下側の左右の頂点にあたる部分をそれぞれの指でつまみながら、おおよそ同じタイミングで上側の頂点の方に指を移動しながら、あわさった頂点が外れないように押

さえながら、折り目をつけます。

このとき、最初は親指と人差し指で下側の頂点をつまんでいたのが、上側の頂点とあわさるタイミングで、人差し指だけで頂点を押さえるように親指を徐々に離します。そして、親指で紙のたるみを下方向に伸ばしつつ、折り目がつく位置を見計らって、今度は、左右方向へ力を入れて親指を動かします。

このように「ある運動を行いながら、次の運動を準備する」ことができて、滑らかに活動が進みます。

「次の運動を準備する」とき、実際には運動は起こっていません。まだ運動をイメージしている段階です。運動をイメージするとは、自分の身体の動きを映像として描き出すことです。そうすると、保育者が見本を提供し、こどもがそれをもとにイメージを自分の中に作るために、クローズアップするところを、「言葉で整理」して伝えます。

やればできる、できるようになることよりも、経験を広げ、試してみる楽しみを体験することの方が、将来の可能性を広げる点で大切です。

44 文字に関心がない

保育でみられる姿

① 文字を覚えない
② 絵が描けない
③ 左右を間違う

❦ なぜそうなのか

文字を覚えるために必要な能力とは？

文字は図形です。図形は、頂点と頂点を結ぶ線の組みあわせです。線は、縦、横、斜め、曲線のどれかです。線を作る「頂点」をとらえて、次にその「頂点」を結びつけて作られる「線の向き」をとらえ、また、それらの線があわさり構成する「頂点」をとらえることで、図形の全体を把握します。

そうすると、「頂点」と「線の向き」の2つがわかることが、文字を覚えるために必要な要素だと理解できます。「頂点」をとらえるためには、そこに視線を向ける注意が必要です。「線の向き」には、眼を縦、左右、斜め、円状に動かす運動が必要です。

これらの「注意」と「運動」は発達に伴って獲得していきます。しかし「注意」も「運動」も持って生まれた能力ですから、「頂点」に「注意」を払う「効率のよさ」も、「線の向き」を追う眼の「運動」を「順序立てる」ことも、どのひともみな一律ではありません。

さらに、文字を書くことを覚えるためには、これらに加え、線の動きを動画として覚える記憶を必要としますし、再生するにあたっての手の動きと、それが作る線の知覚など、注意、知覚、運動の多くの要素が求められます。

❦ 望ましい対応

文字を教えるのではなく、図形を経験する

文字は判読が可能である、ということを前提とします。読み取りが可能な文字を書く前の段階として、「頂点」をとらえること、「線の向き」を追うことを伝えます。

白紙に、いくつか並んだ点を結ぶと何らかの意味ある図形を描けるあそびは、「頂点」をとらえるとともに、「線の向き」を眼で追うことが含まれます。

積み木は、面と面を重ねて立体を作りますが、面と面は、積み木の角、つまり、「頂点」であわせます。ブロックはパーツがあわさるところ、これも「頂点」をつなげていきます。

はめ板やパズルは、「線の向き」を眼で追って、全体の形をとらえて行います。

園庭でのあそびでは、キャッチボールやドッジボール、それにしゃぼん玉も、大型遊具も、自分の手が描く軌道、ボールやしゃぼん玉が描く軌道、自分の手がつかむ点をとらえます。

このようにあそびをとらえると、どのあそびも、文字を覚えるために必要なものであると理解できます。

そうすると、文字を覚えて書くことは、ある年齢に達してから直接、練習して獲得するのではなく、生まれてからのあそびの連続性の上で学ぶことであるととらえられます。

文字を練習するために考えること

直接、文字を練習するにあたっては、先に例示した、白紙に印された「頂点」を結ぶことで文字が構成されることを練習することができます。

方眼が用意された紙の上に置かれた「頂点」を順に結ぶと、それぞれの線の向きと長さを対比して練習できます。

方眼は、あらかじめ描かれた線分を基準に、「頂点」を結ぶ方向の、縦、横、斜め、円をとらえることができます。また、線の長さを、その線を分割する方眼の線の数で比較して、とらえることができます。

このような工夫は、こどもの注意、知覚、運動を補うものです。そして、工夫を通して、獲得できるか、その程度がどうかは、それぞれの持って生まれた能力です。

文字を覚えることは、保育の次にある教育に委ねます。

保育ができることは、日課を構成する活動の中で、注意、知覚、運動を取り入れて、個々のこどもの楽しみを実現し、そこで、就学後の教育で予測される能力を保育者が判断し、おとなどうしで、それを伝達し、解決を図ることです。

**保育ができること、保育で取り組むべきことを拡張してしまうと、
能力の格差からひとを価値づける考えを、
こどもに押しつけてしまうでしょう。**

保育者が戸惑い、対応に困るこどもの姿

			※掲載頁
1	身体の使い方が わからない	寝返りを左右のどちらかにしかしない はいはいのときに両手と両足で身体を支えきれていない ばたばたと歩き、足が床からしっかりと持ち上がっていない	p.16
2	ものにあわせて 操作できない	スプーンを口の中でひっくり返して食べ物を取り込む ブロックや積み木など、操作してあそぶことに飽きやすい どのおもちゃも転がすようにしてあそぶ	p.18
3	トイレで排泄ができない	トイレに行くことを嫌がる 漏れていても気づいていない 便器に座るが、お腹に力を入れない	p.20
4	午睡ができない	なかなか寝つけず、大きな声を出す、走り出す 途中で泣いて起きる 熟睡しているようで、なかなか起きない	p.22
5	偏食がある	決まったものしか食べない 一旦、口にいれたものを出す 以前は食べていたものも、食べなくなった	p.24
6	食べる量がわからない	食べすぎではないかと心配になる ほとんど食べない 与えられただけ食べる	p.26
7	噛まずに食べる	ほとんど噛まずに飲み込むように食べる いつまでも口に入れてなかなか飲み込まない 吸い食べが続いている	p.28
8	顔に触れられるのを 嫌がる	鼻水を拭くのを嫌がる 歯磨きを嫌がる 氷や冷たいものを欲しがるか、逆に、熱いものを欲しがる	p.30
9	手をつながない	つないだ手を振りはらう 散歩中、ひとりで走り出す 並んで歩かない	p.32
10	いつも抱っこを求める	よく保育者に寄ってくる 特定の保育者だけに抱っこを求める 他児をはらいのけて抱っこを求める	p.34
11	他児をひっかいたり、 噛んだりする	理由なく他児を叩く 他児の目や顔をひっかこうとする 他児を噛もうとする	p.36
12	自分を傷つける	思い通りにならないと、床に頭を打ちつける 注意をすると、自分をひっかく 言葉で自分を否定する	p.38

第3章

こどもを
行き詰まらせないために

🎀 行き詰まったこどもの姿は、おとなが作り出したもの

「第2章　保育者が戸惑い、対応に困るこどもへの保育実践」では、それぞれについて、【なぜそうなのか】と【望ましい対応】を考えてきました。

あらためて、【なぜそうなのか】を推しはかり、【望ましい対応】をとる必要性について振り返ってみたいと思います。

例を挙げてみましょう。園庭で、年長のこどもたちが担任の保育者とともにドッジボールをしています。内野にいるときに、相手チームが投げたボールにあたってしまったら、今度は外野に行って、相手チームの誰かにボールをあてる番になります。あるこどもが、ボールにあたったのに、外野に行かず、そのまま黙って、このゲームから外れました。すると当然のことながら、保育者は「なぜ、急にやめたのか」を、そのこどもを追って問うでしょう。保育者の考えの中には「ボールを当てられたのがくやしかったのだろうか」「外野に回るのが嫌だったのだろうか」などの理由が浮かぶはずです。そして、考えのうちのどれか、もしくは、それらと関連する答えをこどもに求めるでしょう。

しかし、こどもは何も答えません。すると保育者は「なぜ、急にやめたのか」を返答するまで、その場からこどもを離さないでしょう。

「第1章　こどもの行動の理由に気づき、対応を見つける3つのキーワード」で説明した「これまで通りの対応で育っていくこどもたち」ならば、こどもに問うことで、保育者が求める返答は得られるかもしれませんし、その発言は保育者が納得できるものであるでしょう。もし、その考え方が納得できないものならば、あらためてそこでこどもと話しあい、理解を求めることができるでしょう。こどもが落ち着くことができれば、知覚した物事に対する自分の感情を推しはかり、順序立てて、言葉で整理して話すことができるからです。

しかしもし、ゲームから外れたこどもが、保育者が「行動の理由を推しはかることに戸惑い、対応に困る」こどもであったなら、どうでしょうか。

ドッジボールをやりたい、と参加したとしても、内野にいて、相手側から飛んでくるボールを目で追えない、目の前を動く他児の見える刺激や外野からいくつも聞こえる声の刺激に「身体のリズム」が興奮してくる、ボールがあたれば外野に回るというルールを忘れて、ただ走りまわるだけになっている、そうして、ボールがあたった、そこで、自分がどうしていいかわからなくなって、園庭の静かなところ、自分を落ち着かせる場所へ、注意が向いた。

もし、こういったことが、このこどもに起こっていたとなったら、こども自身、「なぜ、急にやめたのか」を「言葉で整理」して、答えることはできないでしょう。

　そして、できないことを求められると、よりどうしていいかわからなくなって、「身体のリズム」は落ち着かなくなり、その場から離れようと走り出したり、保育者を押しのけようとしたりといった、保育者にとって「反発とも受けとれる行動」をとるかもしれません。すると保育者は、こどもが自分から逃げるのを止めようとしますし、自分の言うことを、こどもが受け入れるまで、話をしようとします。

　しかし、ここで、保育者が次のことに気づけるかどうかで、対応は変わります。

　保育者が、「このこどもは、私にとって、行動の理由を推しはかることに戸惑い、対応に困るこどもだ」と判断できているならば、ゲームから外れたのは「言葉で整理」できないような「身体のリズム」を覚えて、自分の行動を「順序立てる」ことができなくなったからかもしれない、などと【なぜそうなのか】を思いつくことができます。そして、それにあわせた【望ましい対応】として、こどもが去っていく園庭のところへ、穏やかに歩みより、「暑かったね」など話しかけて、「ドッジボールおもしろかった？」や「ボール当たってびっくりしたよね」と、こどもの「身体のリズム」が落ち着くようにはたらきかけるとともに、あなたの「身体のリズム」は、こんな「言葉で整理」するんだよ、と伝えることができるでしょう。

　このような関わりであると、こどもの「反発とも受けとれる行動」を誘発することはありません。保育者も、集団活動から外れた事実ではなく、こどもがどういった感情であったかに焦点を「切り替える」ことができます。このように、保育者がこどもの行動そのものではなく、行動の理由を考えることは、こどもの感情や考えに基づいた対応を生みます。

　言い換えれば、こどもの「反発とも受けとれる行動」は、おとなの対応が引き起こすものです。「反発とも受けとれる行動」をとらざるをえなくなるまで、周りの関わりがこどもを行き詰まらせていると言えるのです。

✤ こどもを行き詰まらせる「愛着の問題」

　「これまで通りの対応で育っていくこどもたち」へ行う対応は、保育者にとっては、保育の中で当然とるべき対応と思うでしょうが、こどもによっては、かえって困惑して、こどもと保育者との間で、やりとりが成り立たない状態となり、結果、「この先生は、自分を困らせる」とでも表現されるような、不信を募らせることになります。こ

のことを、保育者は考えておく必要があります。

　つまり、「注意力」「感受性」「身体のリズム」からみて、保育者が「行動の理由を推しはかることに戸惑い、対応に困る」こどもは、おとなが「当然」と思う対応を繰り返せば、「反発とも受けとれる行動」を習慣づけるとともに、「愛着」にまで問題を広げてしまう、ということです。

　あらためて、「第2章　保育者が戸惑い、対応に困るこどもへの保育実践」で触れてきたことを念頭におきながら、「愛着の問題」について考えてみましょう。

　見る、聞く、触れる、におうといった、身体の外を感じることに過敏であるのは、生まれながらにしてのものです。すると、それらの「刺激に振りまわされる」ので、「身体のリズム」を自分で整えることは習慣づきません。

　このような状態であると、環境を「受け入れられる範囲」は狭くなります。その範囲が狭いと、楽しみを感じる活動は限られます。活動が限られると、他者との交流も少なくなります。そうすると、集団活動の中で経験する、様々な役割も狭められます。

　そしてさらに、注意の能力が限られていると、活動を「順序立てる」ことが滑らかにはできず、他児と経験を分かちあう関係に入ることが連続してはできないでしょう。また、「知覚の偏り」は、「空気を読む」ことの偏りとなり、集団で共有される解釈との間で行き違いを生みます。加えて、運動の不器用さは、様々な活動で、自分はもちろん、他者からも見定められることで、「違和感のある視線」をもたらす可能性があります。このような、自分と環境の交流の中で感じられるのは、「ほっと」と表現される感覚とは真逆である「どきどき」「びくびく」であり、それは、自分の置きどころのない、まるで、自分がこの世界から疎外された感覚であろうと推しはかることができます。

　これでは、自分の「できない程度」ばかりに注意が向けられて、自分で自分を疎外するとともに、「違和感のある視線」から自分を守るために、他者を疎外しようとするでしょう。その疎外を、攻撃という行動に置き換えて「他者も自分も傷つける行為」を繰り返す、さらに、この行動を、言葉に置き換えて「暴言」として表すこともありえるでしょう。

　「愛着の問題」を持って生きていると、そこには疎外の感覚がありますから、「甘える」行動を自らとることはできません。そこにあるのは、衝動的に慰めを求める「依存」です。ひととひとが依存しあう関係は、互いを受け入れ、「委ねあう」関係ではありません。

　このような関係のもとでは、自分の慰めとして他者を支配する行動が生まれます。

　この「支配する行動」が、相手に向かい、その相手はまた別の相手に向かう、この連鎖を「虐待の連鎖」ととらえることができます。

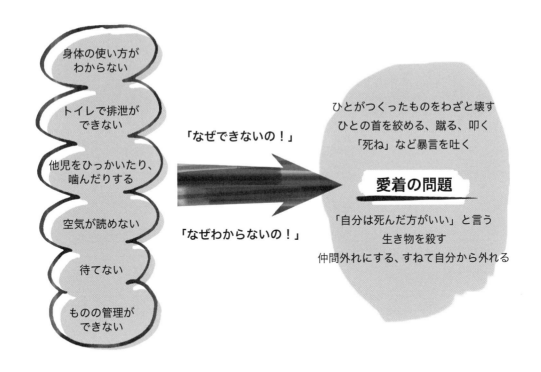

身体の使い方が
わからない

トイレで排泄が
できない

他児をひっかいたり、
噛んだりする

空気が読めない

待てない

ものの管理が
できない

「なぜできないの！」

「なぜわからないの！」

ひとがつくったものをわざと壊す
ひとの首を絞める、蹴る、叩く
「死ね」など暴言を吐く

愛着の問題

「自分は死んだ方がいい」と言う
生き物を殺す
仲間外れにする、すねて自分から外れる

🦋 生まれ持って暴力が習慣づいているひとはいない

　「他者も自分も傷つける行為」によって「依存」し、他者を「支配する行動」を「暴力」という言葉で表してみます。

　ここまでお話してきたことから推しはかられるように、生まれ持って暴力が習慣づいて攻撃的なひとはいません。暴力をふるうことも、それを自分の行動としないことも、環境からの学習によって身についたものです。つまり、暴力は学習されたものです。

　おとなが、日常、ひとを傷つける暴力をふるう姿を見せる、それをこどもにふるう、ということがなければ、こども自身、それは日常、見たことも受けたこともないのですから、普通のことではないとわかります。このような環境では、暴力は学習されません。

　しかし、暴力を受ける環境におかれると、どうなるでしょうか。

　暴力を受けると、身体には痛みが走ります。このような苦痛を受けたとき、身体はそれを和らげようと反応します。度重なる暴力を受け続けると、身体は苦痛を和らげる習慣がつき、暴力になれる、という学習が行われます。「暴力になれる」とは、暴力を受けることになれることでもあり、暴力をふるうことにもなれる、ということです。

🦋 行き詰まっている保護者もいる

　ここで、「行動の理由を推しはかることに戸惑い、対応に困る」こどもを育てている「保護者」についても思いを広げてみたいと思います。

　3つのキーワードである「注意力」「感受性」「身体のリズム」からみて、保育者が「行動の理由を推しはかることに戸惑い、対応に困る」こどもというとき、この「保育者」を「保護者」に置き換えてみましょう。

　保護者にとっては、子育ての中で当然とるべき対応と思うでしょうが、こどもによっては、かえって困惑して、こどもと保護者との間で、やりとりが成り立たない状態となり、結果、「この親は、自分を困らせる」とでも表現されるような、不信を募らせることになります。

　保護者が「行動の理由を推しはかることに戸惑い、対応に困る」こどもは、保護者が当然と思う対応を繰り返せば、「反発とも受けとれる行動」を習慣づけるとともに、それは、「愛着」にまで問題を広げてしまうのです。

　親として、「こどもが健康でいてくれて、素直で、友だちがいて、楽しくあそんで、私と仲良く、就学後は勉強にもスポーツにも興味を持って、そして、自分なりの将来を歩んでほしい」と願って、こどもに社会的に受け入れられる行動を教えようとすることが、考えもしなかった、愛着の問題を引き起こすこともあるのです。

　また、その保護者自身も「注意力」「感受性」「身体のリズム」の「能力の範囲」が狭ければ、こどもに対して何かを教えるときに、「言葉で整理」して、物事を「順序立て」て示し、そのときに「身体のリズム」を穏やかに保つことは、努力を必要とします。ときには、こどもの行動や言動に対して、衝動的な対応をとることもあるでしょう。

　そして、ここに生まれるのが、虐待や暴力の「連鎖」です。

　「連鎖」ですから、保護者自身も、「連鎖」の中で育ってきたとしたら、その保護者は、保育者にとって「これまで通りの対応で育っていく保護者」ではありません。

　「行動の理由を推しはかることに戸惑い、対応に困る」こどもの保護者も、保育者にとっては、「行動の理由を推しはかることに戸惑い、対応に困る」保護者であり、それゆえに、保護者のことも「注意力」「感受性」「身体のリズム」をもって、理解することが必要なのです。

❧ 「愛着の問題」を持つこどもと保護者にとって、最も必要な保育での対応

「連鎖」の中にない関わりはどのようなものでしょうか。

それは、自分の感情を「言葉で整理」して「順序立てる」ことによって、「身体のリズム」を落ち着けて自分を省みる習慣です。

すなわち、こどもにとっても、保護者にとっても「共感」し、「代弁」を得られた経験です。保育者が「共感し、代弁をする」ことは、「感情を拾う」という言葉でも説明できるでしょう。

こどもの例を挙げます。あそんでいる他児が作っているものを壊された、何もしていないのに、いきなり首を絞められた、「死ね」と言われた、こういったとき、被害者である方を優先して保護することは最も大切です。

加害した方はどうでしょうか。まず、自分がその行動を起こすに至った感情を、「言葉で整理」できていたなら、そもそも、このような行動をとることはないでしょう。

このような行動をとるときというのは、「身体のリズム」は興奮して、わずかな「刺激に振りまわされる」状態です。何らかの環境にある刺激に過敏になって、衝動的に起こしています。衝動的ですから、自分の行動を順序立て、意思を持って選択した行動ではありません。

そして、「意思で選択」していないとは、そこに注意が向けられていないことを表しますから、記憶があいまいです。そうすると、そこで行為の理由を尋ねても意味がありません。また、行動そのものに問題があることは、本人も結果を目にしていますから、重々、理解はしているでしょう。

保育者が目を向けるのは、こういったこどもの行動の「理由」でも「結果」でもありません。ただただ、「言葉で整理」できない「感情のありか」を紐解き、この「感情を拾う」ことです。

「感情のありか」とは、「虐待の連鎖」、すなわち、支配関係が生まれており、依存される関係に、こどもが巻き込まれている場です。そこでどのような経験を強いられているのかを理解しなければ、こどもの行動を噴出させた感情を受け入れることはできません。

「壊してはだめ」「叩かない」「死ねなんて言わない」と、ただ行動そのものを抑えることは、言い換えれば「あなたは自分の気持ちを表現してはだめ」と教えていることになります。

こういった行動で出さざるを得ない「感情」を「拾う」ために必要なことは、ただひたすら、「言葉で整理」することを繰り返すことです。

　保育者は、「愛着の問題」が連鎖していくのを止める役割を担っています。そのために、保育者自身が自分を整理できる言葉を持つ必要があります。保育者が、こどもの感情や考えを表現できる言葉が豊かであれば、こどもも、その言葉を学び、自分を「言葉で整理」するとき、より細やかな整理ができる、すなわち、自分をより表現できるようにもなるでしょう。

　「言葉で整理」することは、「身体のリズム」を穏やかにして、「意思で選択」できる活動へとこどもを導きます。

　そこで経験される活動は、楽しみという、肯定的な感覚を生み出し、疎外へ向いた注意を「切り替える」もの、すなわち、こどもの将来の役割へと結びつく、保育の後へ向かうものです。

　ここで述べた「こども」を「保護者」に、「保育者」を「保護者」に移しても同じことが言えるでしょう。

🦋 「愛着に問題がある」こどもへの保育実践

　ここまで、3つのキーワードである「注意力」「感受性」「身体のリズム」が、「愛着」とどのように結びつくかを説明し、そこに問題を持つこどもへの対応についての考え方を述べてきました。

　では、これらをもとに、愛着に問題があるこどもについての「**45 愛着に問題がある**」
(第2章の1～44に続いて、p.104の表に掲載) に対しての、【望ましい対応】を提案してみます。

116

45　愛着に問題がある

　保育でみられる姿
　① ひとがつくったものをわざと壊す
　② ひとの首を絞める、蹴る、叩く
　③「死ね」など暴言を吐く
　④「自分は死んだ方がいい」と言う
　⑤ 生き物を殺す
　⑥ 仲間外れにする、すねて自分から外れる

①ひとが作ったものをわざと壊す

　「作ったもの」は、それを作ったこどもの自分への取り組みが形となったものです。それは「努力の結果」であり、「そのこども自身の現れ」です。そして、「わざと」とは、「良くないとわかっていて行う」ことです。

　「ひとが作ったものをわざと壊す」こどもを見た保育者には、「いけないとわかっているのに、他児の努力を台無しにする、自分をコントロールできていない」、だから「止めて教えなくてはならない」との考えが生じるでしょう。

　しかし、これだけでは「他児が作ったものを壊した」という行動のみにしか対応していません。なぜ「わざと」なのか、「わざと」そうせざるを得ない感情はどこから来たのか、このことを推しはかること、これが「感情を拾う」ことになります。

　「自分も作りたかったけれどもうまくできなかった」「一緒に作りたかったけれども、うまく言えなかった」「集団で過ごす部屋の環境からの刺激で衝動的になった」「家庭で、自分が作ったものを誰も見てくれなかった」「保育者にかまってもらいたかった」など、そのこどもに共感できることはあります。

　「わざと壊す」ことでしか自分の感情を表すことができない。保育者はここを汲み取って、一旦、落ち着くように身体を受けとめ、刺激の少ないところで、落ち着くのを待って、保育者がおそらくこうであろうと考えるこどもの感情を代弁することです。

　このとき、壊した行為が良くなかったことを強調する必要はありません。「わざと」しているのですから、良くないことだとわかっています。そのことを話すよりも、「行動を切り替えて、今からどんな楽しいことをするか」、ここを話しあうことによって、

自分に肯定的に取り組み、それが他者からも認められて、保育者がその他者のひとり
となり、愛着を育む習慣を、こどもに手渡すことです。

②ひとの首を絞める、蹴る、叩く

まず、すぐに止めなくてはなりません。しかし、このような行動をとっているときは、
「身体のリズム」は極度に興奮しています。保育者も慌てるでしょうし、こどもの行動
を止めるために力を入れますし、声も張ると思いますが、刺激を増やさないように気
をつけます。こどもの身体は止めて、引き離しても、そのときたくさんの言葉をかけ
ないことです。まずは止める。そうすると、こどもはまだ興奮していますから、大き
な声を出す、近くにあるものをつかんで投げようとするなどもあるでしょう。

保育者も力づくになると思いますが、なるべく、周りに何もないところまで連れて
行くか、その部屋の中ならば、ものをよけて、かつ、他児はそれぞれに自分たちの行
うことをするように伝え、距離をとるように言い、その場で落ち着くのを待ちます。

ここで他児をそれぞれの活動へ向くように伝えるのは、「違和感のある視線」を向け
る関係を作ることと、向けられることを習慣づけないためです。こどもにも、ひとの
行動だけを見て、そのひとを判断するようなことを教えないためです。排除しあう関
係ではなく、互いに自分が望む活動に取り組むとともに、そのことが他者のそれを侵
さないように、「すみわける関係」を学ぶことが大切だと考えたいものです。

興奮するこどもが自分で落ち着くのを待つのは、そのこどもが自分で自分を落ち着
ける、すなわち自分に取り組む経験を積み重ねることになります。もちろん抱いたり、
そばで待ったり、何らかの声をかけたりするのは構いませんが、保育者が早く落ち着
かせようと、多くの言葉をかけることは「共感を伴った代弁ではなく、一方的な指示」
になることもあります。できるだけ言葉を控えて待つようにします。そして落ち着い
たら、他児への行為については良くなかったことを「確認するだけ」で、やはり「行
動を切り替えて、今からどんな楽しいことをするか」へ、ともに向かうことです。

③「死ね」など暴言を吐く

本心からひとに「死ね」というこどもはいません。

何か言いたいことはある、しかし、その言いたいことを、「言葉で整理」できないの
です。それで、「死ね」という「大きなくくりの言葉」として発せられます。

「死ね」という言葉だけを取り上げて、その言葉を言わない指示を強調することは、
「あなたは自分の感情を出してはいけない」と言っていることと同じです。また「死ね」

などの言葉に対して、保育者がつとめて冷静な態度で、「恐い恐い」「驚いた」など、話をそらす対応をすることは、こどもにしてみれば「自分の言いたいことを聞いてはくれない」となって、より強い言葉を発していくか、別の行動をとるかになり、こども自身の感情は解決されません。

こどもが何を言いたかったのか、保育者はそれを推しはかり、代弁をすることです。「死ね」という言葉には関心を持たない、そういった言葉を使わないことです。

「死ね」「殺す」「やっつける」「攻撃する」「ふっとぶ」など、こういった言葉は、「やるか／やられるか」、他者の権利を侵すとともに、そのようなことにしか興味を持てない自分を作ります。それよりも「行動を切り替えて、今からどんな楽しいことをするか」、その楽しい活動で使う言葉を伝えることです。

もし、こどもがブロックで武器を作っている、人形で戦いをしている、車をぶつける、電車を脱線させるなどしている、といったあそびをしている姿を見かけた時、「それは楽しくない」と伝えることは、保育者がすべき対応のひとつでしょう。

④「自分は死んだ方がいい」と言う

このような言葉も本心そのものではありません。

「楽しくない」のです。それは、自分が打ち込める活動が見つからないこと、そして、その活動をともにするひとがいないことから発せられます。

このこどもが持っている能力でできるあそびは何かを保育者は探し、いくつかをともに試して、そして、保育者がこのこどもができるであろう、興味をもてるであろう、そして、これをともに行う他児がいるであろうあそびを見つけて、励ますことです。

注意の持続が短ければ、ひとつのあそびをすぐにやめるでしょう。それでもいいのです。いろいろなあそびを試してみて、そこで保育者がこのこどもに判断したあそびを、「もう少ししてみたら」「ここまでやってみたら」と促し、それができれば、「これは楽しいよ」「これはできるよ」「これは得意になるよ」と励ますのです。

このこどもができるあそびを保育者が見つけて、作ることが大切です。

「死ぬなんて言っちゃダメ」などと「言わさない」よう押しつけるのではなく、そのあそびを明日もしよう、来週もしよう、明日も一緒にしたい、来週も一緒にしたい、もっとたくさんのことを一緒にしたい、だから「死ぬなんて言ってほしくない」という保育者の思いをあそびでもって伝えることです。

こうした保育者の行為そのものが、このこどもにとっての「居場所」となります。「居場所」は実際の場所ではなく、愛着の関係です。

⑤生き物を殺す

　殺された生き物が「かわいそう」「痛かったと思う」といった言葉は、確かに必要な言葉ですが、生き物を殺したこどもは、「かわいそう」なこと、「痛かったと思う」ことに興味をもっています。

　つまり、生きているものが嫌がることを楽しむ習慣に向かっています。

　生き物を殺すとき、「身体のリズム」は興奮しています。その際、身体は興奮を和らげようとはたらきます。つまり、興奮している「どきどき」「びくびく」している身体の状態から解放されるときの、「ほっと」する感覚を、生き物を殺すことで得ているとも言えましょう。そうであるならば、このような行為は習慣づきます。

　また、こういった行為を覚えた背景には、このこども自身が暴力にさらされていることも検討されます。ここでも、「かわいそう」「痛かったと思う」「なぜ、こんなことをしたのか」を強調して問うのではなく、あそびを見つけることが大切です。

　あそびは、「どきどき」「わくわく」することで、自分が肯定的に「ほっと」できる行為であって、それは他者と共有もできて、すみわけもできます。社会的に容認される、互いの存在を排除しあわない行為です。

　命をいただく行為を、保育者といっしょに体験することもよいでしょう。

　ひとは、自分の命を守るために、生き物の命をいただきます。

　日課の中に含まれる食事を行うにあたって、素材が命を持っていることを身体の感覚を通して伝えることは大切です。

　例えば、献立に入っているミニトマトをこどもたちと育てているとしましょう。

　ミニトマトを摘むにあたって、どれが熟しているかを見て、触れて選びます。このとき、まだ熟れていない実はこれから育つのであり、ミニトマトの「赤ちゃん」と例えることもできるでしょう。「赤ちゃん」だから、そうっと触れて、育つのを待つのです。

　熟した実をとり、その手触りを確認し、二つに切り分けます。そこには種があります。この種から、たくさんの実がなります。熟した実は次の命を準備しています。

　このように、ミニトマトをひとと照らしあわせた言葉でとらえることは、身体感覚を伴って、ミニトマトを自分の身に置き換えて、それぞれのこどもが持っている感受性を通して、生き物の命をとらえるひとつの経験ともなるでしょう。

　「いただきます」がどのような意味を持つ言葉であり、何をいただいているのか、そのことで、どれだけ楽しい出来事を自分は得ることができているのか、自分を大切にすることを知ることによって、生き物を殺すことへの興味から自分を「切り替える」ことを教えることができます。

⑥仲間外れにする、すねて自分から外れる

　「仲間外れ」を楽しむのは、そのことで自分の「居場所」を作ろうとする行為です。「すねて自分から外れる」のは、そのことで誰かが「居場所」を与えてくれるのではないか、と、期待する行為です。どちらも、他者への「依存」です。誰でもいいから、そのとき、おもしろおかしく過ごせればいい、という、自分の時間を他者に委ねる行為です。

　集団で活動するとき、誰でもが友だちにはなるわけではありません。

　「自分が楽しみを覚えるあそびを、同じように行う」友だち、「自分の話に楽しみをもってくれて、自分もそのひとの話に興味をもてる」友だち、「一緒にはあそばないけれども、話ぐらいはする」友だち、「グループになったら役割はとるけれども、それ以外は関わることがない」友だちなど、友だちの関係は多様な距離の関係です。

　誰でも仲間、誰でも同じ距離の友だちにはなれないのです。クラスが同じだから「お友だち」、同じ保育の場に所属しているから「お友だち」、「みんなで仲間になる」、「一緒に仲良くする」。このような言葉は、かえって、「お友だち」になること、「仲間」になること、そこに所属することを、「どきどき」「びくびく」することとして、こどもに経験させてしまうことにもなりかねません。ひとにはそれぞれ名前があります。その名前と名前の関係で、どのような行動を一緒にするか、ひとりでするか、また、違う名前のひととするかであって、すみわけられる、すなわち、一緒にその場所や活動を共有できることが必要です。

　自分で自分の時間を使うことができる、具体的には、自分ひとりでもあそぶことができる、生活に必要なことができる、ということがあって、そのあそびや生活のことを、ともに行うことができます。

　仲間外れをしない、すねないためには、自分ひとりでもあそべる自信を持つことが必要です。そして、この自信は、自分の行うあそびを認めてくれる、自分があそんだ結果に興味を持ってくれるひとがいる、という「居場所」があって生まれます。

　やはり、「今からどんな楽しいことをするか」、このこどもに見あったあそびを保育者が見つけることが求められます。

**自分を肯定できるのは自分でしかありません。
そういった姿に育つよう、
楽しいことをともに見つける保育が、
すべてのこどものそばにあるべきでしょう。**

おわりに──こどもの育ちを支えるために

　私がかつて出会った方のことをお話したいと思います。

　詩穂さん(仮名)は、おそらく幼少期には、保育者が「行動の理由を推しはかることに戸惑い、対応に困る」こどもであったろうと思えます。しかし、「持って生まれた能力」が引き出されて、「健康でいてくれて、素直で、友だちがいて、楽しくあそんで、親と仲良く、就学後は勉強にもスポーツにも興味を持って、そして、自分なりの将来を歩んで」行く道を作り始めることができた方です。

❦ 小学生の頃の詩穂さんへの母親の関わり

　詩穂さんは、自分自身を、こどもの頃から、よく物事を忘れる方だと言っていました。

　朝、雨が降っていると、傘をさして小学校へ向かいます。下校のときも雨が降っていると、さて、どこに傘を置いたのか、傘立てを見渡しても見当がつかない、傘がたくさん並んでいるのを見て、気後れし、探すのをあきらめて、友だちの傘に入れてもらうか、小雨なら家まで走るか、でした。

　もし、帰る時間に雨が止んでいれば、傘を持って帰ることはすでに忘れています。

　でも、翌日になると、黄色い傘を母親が渡してくれるので、学校に忘れても、困ることはありません。同じ傘の買い置きが家には数本ありました。そして、学校に置きっぱなしの傘が増えてくると、母親がそれを引き取りに行くのです。

　でも、母親は、そのことで助かることがありました。

　学校から配布されるプリントも机の中やロッカーに入れっぱなしなので、参観日や懇談や遠足の予定がわからないから困る。でも、この子は何度言っても持って帰ってこないから仕方がない。それなら、自分で取りに行って、担任の先生に尋ねた方が、親として段取りが立つ、と母親は考えていました。

　時間割をあわせることも宿題をすることも忘れて、ランドセルを家に置くと、約束してきた友だちとあそびに出かけるようなこどもでした。

　帰る時間も忘れて、友だちの家であそんでいると、「迷惑をかけてごめんなさい」と母親が迎えに来る。そうして、帰ると、「はい、ランドセルから全部出して」と言って、「明日は国語、算数、社会。はい、国語のノートを入れて、算数はコンパスがいるって、

連絡帳に書いてある。はい、コンパス」と、母親は時間割を一緒にあわせていました。「お母さん、今からごはんを作るから、国語の本を持って横においで、音読を聞いてあげるから」と宿題の段取りも母親が順につけていました。

「お母さん、ありがとう」と言うと、「自分が困るのは嫌だから、自分がやりたいようにやっているだけ」と答える母親でした。

🦋 学生の頃の詩穂さんへの友だちの関わり

詩穂さんは、私が受け持っていた発達障害に関する授業を履修していました。

講義を聞いていると、まるで自分のことを言われているようだ、と思って、私と急に話をしたくなった、と、約束もなく研究室を訪ねて来ました。

後ろに二人、友人がついて来ました。ひとりは傘をふたつ持っています。なぜ、傘を二本も持っているのか、と尋ねると、友人のひとりが言いました。「この子はね、すぐに何でもどこに置いたか忘れる。傘なんて、教室や食堂にすぐに忘れて失くす。かわいそうだから、持ってあげている」と。「結局、帰るときになって、傘がないとか言われると、私らも面倒だから」と言いました。そして、「この子ね、課題の提出なんて、絶対、覚えてない。私らが、今日、集まってレポート作るよ、と言って、やっと、ああ、そんな課題があった、と気づくぐらい」と言いました。

私が「よく面倒を見てあげてるね」と友人ふたりに言いましたら、口々に、「この子はいい子」だと言うのです。たまにお菓子を買ってきたり、家にあそびに行くと、詩穂さんの父親がごはんに連れて行ってくれたりするとのことです。「自分のことをわかっていて、素直。元気なときは元気だし、落ち込んでいるとだいたい理由がわかる。つきあいやすい」とクラスメートからも思われているとのことでした。

「お父さんがね、みんなに面倒をかけてるから、お菓子ぐらい買ってあげなさい、と、おこづかいをくれる」らしく、父親なりに自分のこどもの友人に気づかっていました。

詩穂さんは、保育者になるコースに進んでいましたが、自分では、これだけ忘れっぽいと、こどもや保護者に迷惑をかけてしまう、採用してもらえるわけがない、だから、資格をとっても、就職はその方面にしない、と決めていました。ならば、違うコー

スに入り直すか、別の進路に変更をするかを私が勧めると、「そうすると、また学費が
かかる。お父さんにもお母さんにも負担をかけたくない」と答えました。

　いくつかのアルバイトも経験しました。飲食店では、次々とテーブルからあがる注
文をとりながら、レジを担当するなどは、とても勤まらなかった、と言っていました。

　「私、今は、雑貨屋さんでラッピングのアルバイトをしています。もうそれだけを受
け持たせて、と店長にお願いしたんです。それほど器用じゃないけれど、ラッピングっ
て、いくつかのパターンがあって、それを覚えて、ひとつずつ、包むのは、もうそれ
だけを考えていたらいいから、結構長く勤まっています」と言い、卒業後は、そのま
まアルバイトで雇ってもらえないか尋ねている、とのことでした。

🦋 保育者になった詩穂さん

　しかし、就職は、保育者として、こどもたちが保護者のもとを離れて暮らす施設に
就くことが決まりました。いくつかのことを段取り立てることは難しいけれども、ひ
とつのこと、ひとりのこどもに対応することはできる。そして、こどもが暴言を言っ
たとしても、「何でそんなこと言うのかなあ」と考えている間に、次の用事を言われた
り、他のこどもが喋ってきたりするから、暴言にいちいち応じないとのことでした。
抱き着いて来ると、可愛いなあと思って、いつまでも抱っこしていて、仕事が進まない、
でも、そのことで、こどもにとっては、安心な保育者であるようです。この施設で実
習をしたときに、このような姿が、施設の管理者や他の職員の目に留まったのでした。

　「ときどき、急に、自分って役に立たないなあ、と落ち込むこともあるし、暴れるこ
どもをどうしてあげたらいいかわからなくなって、悲しくなることもあるけれども、
頑張ろうと思います。私は、今まで、お父さんにもお母さんにも怒られたことがない
から、こどもを怒るって、どういうことかわからないんです。それに、怒っているひ
とを見ると、怖くて。職場の先輩で、こどもにも職員にも厳しいひともいるけれども、
優しいひともいるし、仲のいい同期もいるし、友だちもいるから」と言っていました。

🐾 愛着が育ちの場にあること、愛着を渡すこと

　おそらく、この方の両親は、意識してかどうかはさておき、この方が「持って生まれた」「注意力」の「能力の範囲」にあわせて、できないことは繰り返し手伝い、その姿を本人に見せて育ててこられたのだと思います。そのことで、自分のできないことを素直に受けいれて、自分の持っている能力で、どのように自分は生きていくのかを考える力を、この方は身につけてきたのだと思います。そして、あわせて、自分を、ひとを大切にすることはどういう行動なのかも学ぶことができたのでしょう。

　自分を疎外せず、ひとを疎外しない。

　愛着が育ちの場にあることで、愛着を渡すことができるひとが育つのだと思います。この方の家庭のような場が、保育の場であることを願います。

🐾 そして、私のこと

　私は、かつて、作業療法士として、障害を持つこどもたちのリハビリテーションに携わってきました。脳性麻痺のこどもたち、今では発達障害（自閉スペクトラム症、注意欠如／多動症、限局性学習症、発達性協調運動症）と診断されますが、当時、自閉症、微細脳障害、学習障害と言われていたこどもたちに対してです。

　座る姿勢をどのように良くするか、お箸や鉛筆を年齢相応に使えるようになるにはどうするか、どうやったら文字を覚えるか、と、「できるようになること」「より定型的な発達に近づけること」ばかりを考えて、こどもたちに関わっていました。

　そして、運動や知覚を司る脳のはたらきとその問題に手がかりを求めて、それをもとに、こどもにも保護者にも、積極的に問題を改善するようにはたらきかけていました。

　結果、確かに、歩く姿勢が良くなった、運筆が滑らかになった、文字を書くことができるようになったこどもたちもいましたが、どうやってもそれらができないこどもたちも、もちろんいました。そのできないこどもたちに対して、また、別の「できるようになること」は何かを考え、そこに、こどもたちや保護者の時間を費やしていたと思います。自分のこどもができることが増えるのは保護者の喜びではありますが、

そうではなかった場合、こどもや自分を責めることもあります。また、より良い方法を求めて、各地を探すことも。そうして、こどもも保護者も疲弊して、家庭が成り立たなくなることにも直面しました。

　このような自分の経験から、こどもの感覚機能、運動機能、言語機能と呼ばれる能力だけではなく、どのような活動を楽しもうとするのか、家庭や地域でどのような役割を持って生きて行こうとするのか、保護者はどのような価値観を持ってこどもを育てているのか、保護者自身が自分をコントロールする能力はどのようなものか、これらを総合的に考えて、できることは何か、できないことは何かを推しはかり、こどもと保護者に関わることが大切だと考えるようになりました。

　これは当然のことかもしれませんが、私はこの考え方が自分のものとなり、実際に取り組めるようになるまで、ずいぶんと時間がかかったように思います。

　今では、こどもと保護者のそれぞれが持って生まれた能力は何か、どうやってもできない、もしくはできる範囲が制限されている能力は何かを考慮して対応するようにしています。

　そして、乳児期から青年期のこどもたち、そのこどもたちを育てている保護者の相談だけでなく、いくつかの保育の場を訪ねて、個々のこどもの発達の見立てと保育の手立て、穏やかに保育ができる環境、信頼関係を築く保護者対応の取り方を、保育者の方にお伝えすることや、保護者への研修をさせていただき、さらなる学びをいただいています。私の気づきをお伝えしながら、こどもも、保護者も、保育者も、生きる楽しみを失わずにいてもらえるのが、私の願いです。

　私が保護者の方によく言うことがあります。

　こどもが保育を受けている間は、まだまだ生まれてわずか数年、そこから児童・生徒と呼ばれる間もわずか十数年。おとなだって、十数年努力しても変えられない自分がいる。ならば、こどもならまだまだ自分だけでは解決できないことが多い。そして、こどもがおとなになってからの親子の関係の時間の方が長い。お互いにおとなになってから良い関係でいられることの方が大事ではないか。こどもの課題にばかり目を向けると、それは保護者も「それをさせなくては」と自分にも課題を押しつけてしまう。こんなことをしていれば、いつかこどもも保護者もだめになってしまう。親子の関係、

すなわち、愛着の関係とはいえないものになってしまう。

　愛着があれば、お互いに関わり続けることができます。こどもを育てて自分に気づき、こどもによって育ててもらうのが親だと思います。こどもによっておとなにしてもらうのだと思います。

　このような親子の愛着のある関係を支えるために、愛着が最も傷つきやすい「保育者が行動の理由を推しはかることに戸惑い、対応に困る姿を見せるこどもたち」の人生がまだ始まったばかりの時期が喜びあるものになるよう願って、本書を書かせていただきました。

　"Mes ami, retenez ceci, il n'y a ni mauvaises herbes ni mouvais hommes. Il n'y a que de mauvais cultivateurs." *Victor Hugo: Les misérables*

　「みなさん、忘れないで。最初から、雑草も、悪人もいないのです。ただ、そう育てる人間がいるだけなのです。」　ヴィクトル・ユーゴー『レ・ミゼラブル』（拙訳）

　私を保育の世界へと誘ってくださった、京都にあります、社会福祉法人京都地の塩会つくし保育園元主任の新井寛子さんとの出会いがなければ、今の私の人生もなかったでしょう。そして、浜松にあります、社会福祉法人七恵会ながかみ保育園園長の野村弘子さんとの交流がなければ、この本は生まれなかったでしょう。ありがとうございます。もちろん、おふたりとの出会い、そして、広がりの縁をくださった多くの方々に、心より感謝申し上げます。ありがとうございます。

　本書で挙げた、こどもの困り感を検討するにあたって、浜松にあります、社会福祉法人住吉会小豆餅ゆすらうめこども園の理事長増谷昌子さん、園長宇野富子さんをはじめ、職員の皆様には、お忙しい中、ご苦労をおかけいたしました。ありがとうございます。

　そして、この本は、私が勝手に、価値観が似ていると思っている郁洋舎の長谷吉洋さんとの信頼関係によってできあがりました。ありがとうございます。

　最後に、感受性の強さゆえに愛着の問題の犠牲となり、無頼な生き方をとらざるをえなかった *Ma chère Châtaigne* にこの本を捧げます。追いつくことができなかった私を赦してくれた、あなたへの祈りと、過ちを繰り返さぬために。

著者

野藤 弘幸 （のとう ひろゆき）

作業療法学博士。発達障害領域の作業療法の臨床、大学教授を経て、現在は、育てにくい、言うことを聞かない、学校に行かない、自分でしようとしない、何を考えているのかわからない、そのようにおとなから思われている乳児期から青年期のこどもたち、そのこどもたちを育てている保護者の相談と、そこに関わる保育者への研修を行う。

装幀

野田 和浩

イラスト

松本 依子

発達障害のこどもを行き詰まらせない保育実践
すべてのこどもに通じる理解と対応

2021年 7 月 27 日　初版　第 1 刷発行
2023年 10 月 6 日　初版　第 6 刷発行

著　者　　野藤弘幸
発行者　　長谷吉洋
発行所　　株式会社 郁洋舎
　　　　　248-0025 神奈川県鎌倉市七里ガ浜東 3-16-19
　　　　　TEL.0467-81-5090　FAX.0467-81-5091
ISBN　　978-4-910467-02-3